BOOKS BY HOUSE OF NEHESI PUBLISHERS

Corazón de pelícano - Antología poética de Lasana M. Sekou
Pelican Heart - An Anthology of Poems by Lasana M. Sekou
Edited by Emilio Jorge Rodríguez

Nativity/Nativité/Natividad
TRILINGUAL EDITION
Lasana M. Sekou

Sovereignty of the Imagination - Conversations III
Language and the Politics of Ethnicity
George Lamming

Guanahani, My Love
Marion Bethel

I Believe
Howard A. Fergus

Eva/Sión/Es • Eva/Sion/s • Éva/Sion/s
Chiqui Vicioso

Brotherhood of The Spurs
Lasana M. Sekou

The Angel Horn
Shake Keane (1927-1997) Collected Poems
Shake Keane

Salted Tongues
Modern Literature in St.Martin
Fabian Adekunle Badejo

Somebody Blew Up America & Other Poems
Amiri Baraka

The Essence of Reparations
Amiri Baraka

Words Need Love Too
Kamau Brathwaite

Coming, Coming Home - Conversations II
Western Education & The Caribbean Intellectual
George Lamming

BOOK OF SINS

Nidaa Khoury

Translated by Betsy Rosenberg

HOUSE OF NEHESI PUBLISHERS
P.O. Box 460
Philipsburg, St. Martin
Caribbean

WWW.HOUSEOFNEHESIPUBLISH.COM

ISBN: 9780913441992
LC Control Number: 2008932763

Cover design by Gina Rombley
Photography: Courtesy Nidaa Khoury; Saltwater Collection.

*To anyone who feels a stranger in his home,
and alone though surrounded by family*

CONTENTS

Introduction   *ix*

EMBERS OF THE WATER   **1**

    Altar of Freedom   3
    Communion   6
    Her Street Becalmed   7
    Rites   8
    Porthole to the East   11
    Secret   12
    Longing   13
    Sunflowers   14
    Twilight in Your Ears   15
    River of Shadow   16

MAP OF FLAMES   **17**

    Don't Know   19
    Wilderness   20
    Piercing   21
    The Earth Rained Us Down to Land   22
    Crawling Ants   24
    Like a Bird Slaughtered   26
    Murmuring   28
    Pulse of Fire   29
    The Time is Over   30
    Rebellion   32
    Burning Body   33
    Station   34
    A Gospel According to Rage   35
    The Spiraling Finale   37
    The Earth is a Gypsy   38
    Grapes of Deception   40

THE NAKED WOODCHOPPER   41

    In the Name of Love   43
    Wooden Chair   44
    Night   45
    Offering   46
    Like a Sad Tree   47
    Dynasty   48
    Meaning of the End   49
    Female   50
    The Hyssop Bride   51
    Sacrament   52
    Nude   53
    Without a Sound   54
    Church Bell   55
    Women Believe   56
    Hour of Worship   58

STRUGGLE OF THE WHITE   59

    Rooms Unbuttoned   61
    Beds of Rain   62
    Seven Heavens   63
    Do You Know?   65
    White   67
    Back to My Black Suitcase   68
    Altar of Time   69
    A Little More Life   70
    Cry   71
    Dare Not Write   72
    The Sugar's Ululation   74
    Frolic of the Grave   75
    Portal to the Orient   76

About the author   82

INTRODUCTION

After many decades of neglect, and sometimes outright de-
rision, writing by Arab and Palestinian women has begun
to find its permanent place on the cultural map of the Arab
world. There is now available more work by Arab women
writers and poets than ever before. Novels, poetry, autobi-
ographies, journalistic writing, and memoires have not only
given us great reading pleasure, but also have opened to the
Arab women a new consciousness of their place in the world.
These works contain the trials and triumphs of Arab women's
experience and lead us to understand that women's drive to
control their lives is not some kind of modern cultural aberra-
tion, but a long and continuing desire for social emancipation
and self-determination.

One of the major exponents of modernist Arab women
writing is the Palestinian poet Nidaa Khoury. Khoury was
born in the Galilee village of Fassuta. She is the author of sev-
en poetry collections published in Arabic in Israel, Lebanon
and Egypt. Khoury's poems are underpinned by several major
themes that characterize her art throughout her poetic career.
What is common to all poems is that they spring from an in-
nate poetic faculty. Indeed, the exquisite purity of Khoury's
style and her transparent sincerity are further reasons why her
poetry altogether escapes the taint of artificial versifying.

In traditional Arabic aesthetics, the poet *(al-Shaʻir)* is "the
one who senses," or, as defined by the celebrated poet-critic,
Ibn Rashīq, "the poet is someone who perceives things that
other people cannot," a view that encouraged the notion that
the poet was born, not made; that the poetic gift was the con-
sequence of inborn rather than acquired qualities; not that
certain skills did not have to be acquired, but that the spark

of indefinable genius had to be already present for a poet to become truly major. These assumptions concerning the essence of poetic talent prompted classical Arab critics to assign greater credit to innate poetry *(Matbū‘)* than to the artificial and the contrived *(Masnu‘)*. As an inheritor of the power to perceive things that other people could not, Nidaa Khoury is primarily a "natural poet," but her innate poetic gift was incessantly honed in the course of her long literary trajectory.

The purity of Khoury's music and her ability to express (or appear to express) in their purest plangency the feelings that we expect to find in amatory or religious lyrics have captured the attention of many critics who asserted that her poems seemed to belong to a special, if limited, class of female sensitivity and musicality, artful in a way but nonetheless spontaneous and sincere. Eager poetic restlessness is what underlies Khoury's amazing versatility. Through all her work runs this aesthetic curiosity; it accounts for her preoccupation with technique, color, form and the surfaces of art.

The poems in *Book of Sins* are a sampler from Khoury's ranging panoply of themes, styles and literary modes. One of the persistent themes in her poetry is a preoccupation with the nature of perspective. This preoccupation surfaces almost in every volume Khoury has published. Khoury's frequent use of "I," "me," and "my" indicates not so much that her poetry is largely personal but rather signifies a commitment to representing the complexities of subjective experience and the multidimensional qualities of personal utterance. Just as critics of the Romantic lyric have come to the conclusion that the genre is less characterized by belief in or reverence for "autotelic subjectivity" than by its use of *intersubjective* or *transubjective* viewpoints, multiple perspectives marked by manifold voices, tonal diversity and deictic shifts. This is evident in her poem

"Like a Sad Tree":

> At a distance I appear to myself
> Like a sad tree
> No bird will sing to
> Seared by a howling wind
> That stains it the colors of
> Dusk and incense
>
> ***
>
> My life rests in peace,
> And the trees grow over my blood

Khoury expresses doubts about her permanence and efficacy of words. As she does so, however – in language of the utmost simplicity and clarity – these poems often take on an incantatory, almost prayerlike, intensity. It is as though the effort is to overcome the inadequacies of language through its sheer rhythmic and musical power – a kind of primal power to enthrall, to entrance, and, as she says in "Murmuring":

> On the verge of the words
> A long barbed-wire fence
> On the verge of the wound
> Where hope wells up
> Moaning
> Murmuring
> Choked to silence
> With the exultation of the guns

Many of Khoury's poems celebrate the range of the poet's response, intellectual and emotional. Yet, rather than emphasize the external conditions that give rise to response, or the object that commands aesthetic respect – that is, what would in many cases appear to be a paradigmatic Romantic exchange between interior self and exterior world – Khoury's poems nearly always attend to levels within the act of response itself. In intellectually challenging language that scrutinizes the connections between perception, thought, emotion, and expression, her poems study the dynamics of the mind, both as it processes experience and, more critically, in its consciousness of this act. This dynamics comes forth adroitly in her poem "Her Street Becalmed":

> As she walked by
> With a clip-clop
> The dust whirled into the silhouette
> Between her thighs
> And I would start to dance

> As she walked by
> She illumined me
> And extinguished my shadow
> I was burning

> Her street becalmed
> Was drenched in darkness
> She passed
> Scattering dust everywhere
> Stinging my eyelids
> Despite the storm
> Her heels still
> Kicked up the dust

> Despite the freezing cold
> I blaze between her fingers
> Am extinguished between her footsteps

So using silence to indicate incommunicability – a felt, but seemingly necessary and revered, separation between selves – Khoury's poems evidence a growing interest in complexities of language and psychology. As a self-conscious artist Khoury works from an interior separateness in which few individuals have the grace to live, in order to produce a poetry, which she asserts must be complex in thought to qualify as "modernist." Silence becomes the most typical signifier of this "interior separateness" and is almost always represented as the condition that makes perception meaningful. In many of her poems she uses silence and its counterparts of secrecy and solitude to create more extended meditations on the nature of perspective, evoking in the process what eminent critic Matthew Arnold had long before termed as a "dialogue of the mind with itself."

Most innovative in their exploration of the dynamics and representation of mental life, however, are those poems devoted specifically to the topic of poetry and writing. In so often treating the narrating "I" as more specifically "I, the Poet," Khoury undercuts the association of the lyric with the purely personal and also makes more complex the assumed voices of her poetry, for the narrating voice of her many poems about poetry almost always exists as a composite of other voices. These ideas are pursued in detail in the many of her poems, such as "Rebellion":

> I rebel to obliterate
> The maps of sand
> Running through his fingers
> I rebel his hand
> He subdues me
> Declares me dust and sin
> I rebel against
> Air and water
> Breaching my rebellion
> To worship
> The freedom I call 'poetry'

"Rebellion" functions here not so much to denote a capricious disposition but rather in its less traditional sense of an artistic power to create and represent. Indeed, in some of the poems this power is directly addressed, as for example in "Dare Not Write" when her speaker declares:

> I dare not write
> Unable to reveal the secret
> Smaller than words
> Weaker than memory
> Less than a tear
> Fear in my eyes
> A spear in my mouth
> Piercing words
> From the region of my heart
> Hidden in pockets of night

The remainder of the poem responds to this opening question through a series of affirmations, all designed to suggest that the speaker's artistic fancy, or ability to create and represent, is an inseparable aspect of her mental capability: "I dare not write/I cannot bear your promise/Cannot reveal the secret/Have no strength to wander anymore/You drew my likeness on the road/You obliterated me/Folded up your notebook/And walked away/And still I consecrate/My flesh/With a message/Growing slowly/To be culled by your lips/You taught me to return/I return from you, unto you/You taught me to be silent/You taught me to laugh/Lately I've learned how to cry/From your hands/Came waves/Surging out of my cursed mouth/There were waves/That penetrated my remains/Dug deep in my ruins/Wrote the myth of nothing."

Proclaiming that she will go on writing the "myth of nothing," Khoury juxtaposes the epistemological uncertainties surrounding the idea of how artistic ability shapes her identity and art comes into existence out of the quotidian with confidence that creativity and cognition work mutually to complete the process.

In deeper and more complicated ways, her poems attempt to deal with the fact that a woman artist finds herself to be both artist and an individual, both subject and object, both male and female – both, or perhaps neither, and therefore nothing at all. Consider her poem "Meaning of the End"

> Between the scorpions of space
> And the angles of time
> I am widespread as smoke
> The secret of the gods lies in mortals
> And how dust is formed of trees
>
> I grasp the essence of things
> And the meaning of the eternal present
> Freed from the spirit in its chalice of life
> I spread through eternity
> Wisdom denied
> To knowledge and speech
>
> I wed my pens, celebrate with commas
> My progeny, words
> Multiply like Abraham's sand
> The binding of Isaac on
> My back, like a donkey
> I bear
> History and knowledge
> And die alone

It goes without saying that literary and poetic works configure into a tradition not because of some mystical collective unconscious determined by the biology of race or gender, but because poets read other poets and ground their representations of experience – in models of language provided largely by other poets to whom they feel akin. It is through this mode of literary revision, amply evident in the texts themselves – in formal echoes, recast metaphors, even in parody – that a tradition emerges and defines itself. Indeed, Khoury's poetry is an heir to the poetic tradition of women all across the world and one can hardly fail to observe the blatant universality of Khoury's poems. They transcend national and cultural boundaries and can be effective even outside her language area, since they deal with feelings, intuitions, ideas, and sensations that can be called truly universal.

In his writings, W.H. Auden saw poetry as manifesting a self-ratifying spiritual sensibility. Khoury's poetry is fired by belief in the human and the spiritual at a time when many of us feel unreal and often spiritually hollow. These are poems of great individual strength and fortitude, which connect our aspirations with our humanness.

Yair Huri
Ben Gurion University of the Negev

EMBERS OF THE WATER

ALTAR OF FREEDOM

[handwritten annotations: "a place of sacrifice, constitute self"; "masculine in Hebrew"; "speaker: altar"]

Come to my shadow
Garner your light
Proceed out of the dark
O bride of spirit rise forth from the ink
Leaf through the pages

When your breast is worn
Frosty with salt
Mermaid
Coupling with the pen,
Conceiving by the letter
Forming bread from droplets
All language hungers for
O barren poetess
Enshrouding birth
In a page of white
Enlighten us!

[handwritten annotations: "reciprocal"; "alterable to see her – not devouring"; "not Mahuny to make w now own image"]

****

A dispassionate kiss between the spirit and the grindstone
A strange embrace between the ruins and the multitudes
An arm that wrestles the abyss

I weave my veins
Into a forbidden embrace
I invoke my gods and say
Redeem me from myself
Intone* "The Sura of the Poets"

3

The altar of freedom awaits

The devil in his eyes proposes
An advance to the Garden
With his own hands he
Slays my abstinence
And his panting overpowers him.

Many are the roads to the Garden
Twisting along the curves
Where I meander
Your exile, mine

A desert in your hands
Years of patience
Your wrists, a citadel
Imprison me

I plead with
Your eyes,
A sea among seas

***

Turn not away, tree of gloom
Seize not the fire in my dough
Arouse me not with the joy of our flowing
Set not your heart against my sorrow
You will never know how a woman can be
Jealous of a river

Turn not away, tree of gloom
You will never know what I mean
Let go

Parade me not in my nakedness
Hold your fire
Lest the wind leave your river bed

COMMUNION

Clip-clopping flanks as
The communicants line up
Before the mass ends
The priest bends down
What remains is
The soft wax and swinging censer
Sticky fragrant
With the communion

HER STREET BECALMED

As she walked by
With a clip-clop
The dust whirled into the silhouette
Between her thighs
And I would start to dance

As she walked by
She illumined me
And extinguished my shadow
I was burning

Her street becalmed
Was drenched in darkness
She passed
Scattering dust everywhere
Stinging my eyelids
Despite the storm
Her heels still
Kicked up the dust

Despite the freezing cold
I blaze between her fingers
Am extinguished between her footsteps

RITES

Rite of Women

My window tears at the night
Penetrating deep inside me
Tying my veins to the
Bare ceiling
Winding around my sleep

***

A mallet strikes the naked threshing floor
Crushing my hunger
Anointing the grain

***

The East baptizes me woman
Glowing in the red darkness
A hookah leans against the thigh
And hoof-beats prolong the echoes
On the alleyways of the horizon

***

Innocently she calls out to the street
Warming her breasts
Like a pair of embers
Searing its ancient chill
Bringing a handful of wine
Sapping
Its sober manhood

***

She covers it till it leavens
Cuts the crust
Smells the dampness of the logs
The chimney tells the neighbors her story
Their winter is a smoky cylinder
Burning on the street

***

The bulgar wheat woman, smoke and logs for the fire
On your lap you grind and burn
Your booth in the vineyard is a house of flames
You submit to scorn
Ever-fluent in all but the language of the vine

Rite of Night

He steals a scrap of night and throws it in my lap
Practicing on me day and night

Before the rooster crows the cry of the muezzin
Suckles the dome of heaven ⮑ caller to prayer
Peter's tears belie
His fear of betrayal
He builds a church in the lap of earth
Hold the key to the end

***

Illusion suckles me
And screams out my meaning

***

Your lap is a winnow
Separating the grain from the bulgar chaff

9

A vortex of grist to the mill
That crushes oblivion
The cutting edge is the river
That I learn
Against the flow

PORTHOLE TO THE EAST

A porthole inlaid with whispers
Carries your tales to the dusk
You are wanted
They have prepared you a scalded woman
Who savors the pain of the wind
Bursts the bounds and bites the open spaces

SECRET

Away from my tears
Search the dream
The life that ran into invisible ink

Away from the flood
Unleash your prayers upon me
Crash down
Write your story
In a shrine of
Two entrances
Sealed like water
Pass through the back door.

LONGING

The melody stops at the old house entrance
Forbids what I endure
This longing sweeps the way ahead
Implants me in sons I bore

SUNFLOWERS

You, wilting sunflower poems
Taking up these passions, sustain me
Laying bare in fields of night
Weep till I tire
And drop from my vine

TWILIGHT IN YOUR EARS

I hum the twilight in your ears
As you doze off
You hum the howling of heaven in mine
And we stroll aboard a drunken boat
Dissolving together into the years
The shawl slips away from my breast
And then
I too slip into your glass
A ray of light refracting
The sea is thirsty
We pour waves into it
The sea is drunk
Bailing out its waters
So too... you and I
Night after night are extinguished
In a bolt of lightning
A sea is
Born from our fingers
Succeeded by another sea

RIVER OF SHADOW

Sick of you, river,
With your silence and longsuffering
Drowsily listening
To an incoherent voice
As though you sleep
Sick of you, go now
Let me fall through
Dooms of shadow

MAP OF FLAMES

DON'T KNOW

Addressing heaven since my birth
Don't know how Somalian lips
Set me on fire
Don't know how a gash in my lung
Stifles time
Addressing demons since I was burned
Don't know how rebellion breeds in me
Or how death rebels in me
Addressing love since my birth
Don't know how the land breaks free
Of the yoke we bear
Don't know how the orphan-age of tyrants
Will beget a country
Addressing the contour of my lips
Don't know how the borders of
My land ends there.

WILDERNESS

Mountain nights precipitate
A bounteous cloud
Nature is revealed by a gleam
In the eyes
The road reclines
In longing
As we in the
Lap of luxury
Fall through

PIERCING

The sacrificial bull
Defies me
I search the maps
For Spain
Search my body for a red flag
Search my days for the rage
Ride you to Bethlehem,
Release the virgins from their shrouds

I challenge you
Pluck the night
That falls
In me
Piercing
My pores stain you
Training you to my waist
Dancing till the end
Of my desire

The Western Wall bewails
Its fallen shadow lying
In the court where I dance
Searching for maps
A censor
Dying away

THE EARTH RAINED US DOWN TO LAND

The earth rained us down upon the land
Winged roses
If you look you will see
Roses everywhere
Lamenting the earth

A fluttering bird slain
Its wing torn
A grieving spirit
Life scattered
Extinguished by a blazing fire

The land flutters its drooping wings
A camp in ruins
An incoherent episode
Troops planted in the cemeteries

If you look you will see
A rose clawing the dust
Shedding the black
With a raven's caw

A rose with a fragrance that coagulates
And a color that bleeds like a river slain
On the youthful neck
And over that neck
The river washes thirstily
Meandering from the slaughter
Hiding its bed

From the fury of clouds

The earth rained us down upon the land
Winged roses
The wing of color broke
We were cloaked in black

The wing of the voice broke
We screamed
Our spirits are broken
We are broken...

Our funerals begot another
And day folded its wings
Dared to commit suicide
The earth rained us down as roses
We succumbed to thirst
Choked on the swelling of multitudes

CRAWLING ANTS

Rooms Beds engender them
Uniform Same color
They crawl forth
Dyed in their names
And return
Unlike anyone

Houses yawn
Expiring there, they
Head for the bread

And return
More Many colorful now
Streaked by human eyes
With jealousy and gossip

A land that incites
The crawling of ants
Teaches its inhabitants
The secret of crawling
They leave the body of land
Ghost-like
Pursuing their names
In a dream
Their wives grown weary of the tableware
Leave their bodies
Women
Resounding like copper

Longing
For whiteness
Wives
Like pomegranates drip
Their Ruby twilight on a sheet of mist

LIKE A BIRD SLAUGHTERED

Like a bird slaughtered
At the edge of time
Death beat us soundly
We erased our former features
And discovered a myth
Out of nowhere

Arise my son and take your horses
Straighten up
At the edge of pain
Mill yourself into flour
So a woman will knead you
As she lights the stove
To satisfy her appetite

Arise my son take your image
Go to your bread
To the edge of the ointment
Life and death
Like water
Helping you to bear the fire

Down with the myths
Permeate the land
The place will disclose to you
The borders of it's place

Dyed red
Leave her

Waving a white sheet
Beget your progeny
In a time of siege
On the window sill
They'll wrestle with God
Your progeny

biblical language

Arise and take your jubilation
Go forth alone
Sift words from whispers
Discard your soul
As you press on
Add colors
Stir them up
In a body that will die
As it presses on

Destroy the myths and the religions
You are not alone
In loss

At the edge of time
The old covenant is dead
Like a slaughtered bird
We died
At the doorsill of our home

MURMURING

On the verge of words
A long barbed-wire fence
On the verge of the wound
Where hope wells up
Moaning
Murmuring
Choked to silence
With the exultation of the guns

PULSE OF FIRE

That slow pulse in the veins
The secret pulse in the street
The wild debka danced in the courtyard
The cold pulse under the skin
The pulse of fire in their eyes
The bitter hearts in the pulse of passion
The hearts in the pulse of youthful bodies
The pulse of fire
Learned in the final whirl

THE TIME IS OVER

For more than thirty years
For every newscast
The newsreader has come on time,
At the same time, to the same screen,
And he's told me what has taken place
What they said and what they did and what they meant
And he's said it's all they know and they don't know more
And he's finished with a weather forecast –
Dry and cloudy, gales and heat.
For more than thirty years
For every newscast
I have come on time,
At the same time, to the same screen
And told the newsreader I don't want to see what I see
I don't want to hear what I hear
Neither to know what is taking place
Nor what they say, nor what they do, nor what they mean
And the weather forecast
Doesn't trouble me.
Today
The newsreader comes right on time,
At the same time, to the same screen,
And he tells me he's been coming here for thirty years
To teach me every day to forget the day gone by,
To make me faultlessly forgetful;
He says all I have to do is remember one key thing

Exactly as he does
To repeat what they have said,
To do what they have done,
To accept what they have accepted,
To reject what they have rejected,
To eat what they have eaten,
Live how they have lived
And so on and so on...
Until his time is over and he forgets the weather forecast
And I, too, forget to tell him
That these people, in this country
Every day
Are dying

Translated from Arabic by Antony Dunn

REBELLION

I rebel to obliterate
The maps of sand
Running through his fingers
I rebel in his hand
He subdues me
Declares me dust and sin
I rebel against
Air and water
Breaching my rebellion
To worship
The freedom I call 'poetry'

BURNING BODY

Life is the years we store
Under the armpits that
Dry up and wilt there
Like sesame seeds
And the inscriptions heaped on our lap
Like hyssop we
Scatter afar
On a burning body
The smell of my land

STATION

Standing at the station
Banishing hunger
My hand is a forest clearing, no wheat
No bread
My thighs are date palms, ravished by exile
My breast a sea full of hunger-spurting fish
My brow a vast field of suffering
They hunt me down

No forest, no desert, no sea or field
Such is my native land for a new testament

A GOSPEL ACCORDING TO RAGE

Opening Scene

They are wakeful while I sleep and
Ride their slow night back
Into me.

In the Name of Allah

The tub of a nation drops anchor
In the maps of time
Revealing a time to come.
Months charging at our passion
Our blood pacing the streets of madness
Our hunger striking the sanctity of the possible
Our hearts biting like crazy
We ride the demon of eternity
Through our night
Gasping for breath
A white wedding
Drums beat. Blood stains
The gown of the horizon.

The Seven Ages

The sea pours into a crater
Floods the heavenly basin
Tilting it against the horizon
Finding a respite in sleep
Between the pivoting breasts
***

A groaning, and the birds return
A trembling, suicidal
In their nests under siege

***

Fodder rolls off the lap
That yields to the rage of time

***

The gallows slowly collapse
Death comes upon us like a serum
In successive portions
In uneven succession
Our vigor sapped by time

***

We marry rage
Embrace nature
Bring down the rains in the wedding season
Venison
Invading the thighs of the earth
Raping time

***

They bead our remains into rosaries
Let them, flutter on the sacred gates
Waving the wind
Telling the Resurrection
Biting into our faith
Hawks of our flesh
Friend to the pelicans of pain
Preying on Time.

THE SPIRALING FINALE

Between the pillow
  And the barren body   our culture
    A message that summarize   a message that summarizes
      The ceremonial rites   and the barren body
           Lift up the sheets   between the pillow
        And the ankles dissipate   dissipating
      The smell of men   we hurry
     On the threshold   from the storm
     Of the temples   the rites
    Send   and enters
    The worshippers   our territory
   As the faith   concludes
  Burns   the corresponding scent
  And the pacts   and the barren body
  Are broken   between the pillow
  And the colonel   and the sultanate
  Barters   and our reception
   The earth is ours   and the kisses
    And the body is ours   the path of prayer
    And the belly   except for
       And the lips of earth   in ceremonial rites
        The fruit thereof never more to bow

Amman, 15.8.97

37

THE EARTH IS A GYPSY

This soil we knead
With tired feet
Is all of it?
My body
Bathing in a cloud
Wakeful as it enters sleep
Enters the mantle of heaven
Embracing only itself

This soil that was and will be embraced
All of it is me
And all of me the soil
Crossing by the wayside
Returning to my pain
Exalting no god anywhere
Save under my ancient skin
Not since early philosophy
Could I go beyond?
The bounds of my suffering
Nor depart
From the gardens to madness

Wounded by something
In the air, or in the water
My wings rise on
The wind that blows me away
And bites the gravesides

Time alone is in flames
And above the smoke a woman remains
Then vanishes
Sealing a mirror with her lips
And the mirror is hungry for kisses
Reading the book of exultation
Sealing her forehead
With the fennel-root of exile
Mounting a virgin cloud
Gathering power from the sun
Treading mint leaves
Taking up a sword unsullied
Where the skirts of birds catch it

All this soil we knead
With tired feet
Is all of it?
My body
And in the baptismal font is a woman
If ever her foot should falter
The earth that will bear her
Is a gypsy earth

GRAPES OF DECEPTION

As children we flashed our mirrors to
Expose the women
But now we extinguish them

And women search for women
This night
Do not oppress us
We'll search you
Don't leave off
Stay as you are
A rare night bird
Let us be fulfilled in you
The tumbledown god

Let us search for grapes in you
Grapes of deception
Let us search for rage in you, god
And in the sea
Let us search for a fleet.
In death, let us search for death
Let us search for grain
And garner
A feast for our table tonight
The breeze with darkness
Breaking up the land
Into pairs, a procession of mirrors
And in a puddle the maps are suicides.

THE NAKED WOODCHOPPER

IN THE NAME OF LOVE

Love has murdered you
Like a loaf of bread has murdered you
Like your brother has murdered you
Like murdering has murdered you
Like Time has murdered you
Like Space has murdered you
You who were born for the sacred
Your birth has murdered you.

WOODEN CHAIR

My wooden chair
Fills me with gladness
Hearkens to the
Nesting melody
And high on that
Relives its
Woody childhood still
In the bosom of the poplar tree

NIGHT

Tonight was stripped of glory
I see it mortified in the street
Raising a hand
Over its eyes
The sun revealed its thighs.

OFFERING

                                                       I sleep
                              Like a crazy woman happy to
                      Be complete
                  As self
              In absentia!
             -They see my funeral, deny their essence, deny their death, return to days
            And all remains just as it was
           All is lost just as it was
         Weaving my funeral from steps, pulling out the strands of my life,
         learning them
        Sacrificing a short life for a longer funeral
       Alone
      I feel
      Nothing
      Alone with the wine   sleep
    The altar encloses me in the gloom of the tomb   happy
    I ignore death   in absentia
     Embracing my self   alone
    Sanctified   feel nothing
     A wafer   sanctified
      Cluster of grapes   a wafer
       Death is all I have   drowning me in wine
         I approach him with the loveliest of sins   fingers of the priest
           He lures me and I lure him
            The deaths of others scald me
              My death is a truth I own for my eyes alone
                Freedom is suicide
                 My fate is sealed
                   The happenstance of death is a pleasure
                      Irrespective of the feel of things
                         Neither joy nor sorrow nor release
                            Wholeness through annihilation
                               An absence that gives meaning to life
                                  Where the beginning shall be the end

LIKE A SAD TREE

At a distance I appear to myself like a sad tree
No bird will sing to
Seared by a howling wind
That stains it the colors of
Dusk and incense

***

My life rests in peace,
And the trees grow over my blood

DYNASTY

Names were our care
We forgot that roses are red

They taught us that names never die
Didn't know that we are the names

We died
Try the death
Lot of died
And our names not dying
Yet
We succeed the Old Testament
With the names that were slain
But didn't die
Alone
Survive
Till we die in them
Again

The names of the dead
Reborn in our children

MEANING OF THE END

Between the scorpions of space
And the angles of time
I am widespread as smoke
The secret of the gods lies in mortals
And how dust is formed of trees

I grasp the essence of things
And the meaning of the eternal present
Freed from the spirit in its chalice of life
I spread through eternity
Wisdom denied
To knowledge and speech

I wed my pens, celebrate with commas
My progeny, words
Multiply like Abraham's sand
The binding of Isaac on
My back, like a donkey
I bear
History and knowledge
And die alone

FEMALE

I read the rolls of the absent
Dodging color
As I climb a cloud
I am all pages
Translated from
Gold to dust
Womb to ruin
Take care to fence off your cemetery
To keep the biting wind from me
Leave the gate ajar
A memento
I am a prisoner of dust
That no longer holds my meaning
I'm about to slip out of
My self
Hold on tight now,
Wall, hold on
Till Pentecost,
Hold fast to this
Victory over
My body
This release from layers of dust
The broken chains
Around my neck

THE HYSSOP BRIDE

The bride came first, dough
Wreathed with hyssop
Lolling between their childish fingers
For a moment then no more
Her departed soul
Leaves oily stains
On the loose-leaf pages

The dough bride came first
Flushed
Swollen out of
The wood-burning fire
The baker rolled her
Patted her flat
Burned himself
She panted
Red stains on his hands

The dough bride lingered in the oven
Melting under the coals
Serene between
Lips of time
The women's fingers prodded her
Puffed her
Tipped her on the plate
Sugar-coating her
Denuding the tinge of hyssop

Caracas, Venezuela, 26.5.07

SACRAMENT

Blades of wheat bowing
In prayer to the reaper
This is the end
In perspiration dripping from their bosom
Stalks redeemed from
The suffering of the fields
Asleep
Till the thresher comes
They dreamed of wheat but were
Awakened by the offering

NUDE

A squirrel rings the earth
From my arteries
I am unraveled
Nude, foam, solitude

I undress my memory
And seduce the squirrel
He leaps and penetrates my veins
I tumble kiss by kiss

WITHOUT A SOUND

A spider spins my downfall
A whirlpool hides my hunger
And my anklebones are sickles in a cotton field.

***

Threads of knowledge
Bridle my freedom
And threads of garment
Expose my pain.

***

The nymph of pain approaches from the waist
Veiled in a potion
Singing to the fishermen
And the flesh of humanity applauds.

CHURCH BELL

                                    Alone
                              He swings
                         A rope around his neck
                         Of all the worshippers
                         He alone
                              Dangles
                         Bewildered
                         Dead
                         Calling us
                    Charging us
               We genuflect
          Pray to him
     Alone
   He is the Lord
  Whose feet are doomed
Never to tread the earth

Alone
In heavy motion
A rope
The worshippers
Around his neck
Dangling
Dead
Calling us
We genuflect
In prayer
He is alone
The Lord
Whose feet are doomed
Never to tread the earth

WOMEN BELIEVE

Women believe
That a wound is God
From him we are
Born, to live and die
In him
Women believe that prison
Is a right
It is there we are sent and there, we die
Changing the guard
Over our sons
Women believe that bullets
Are passions
They kiss us, open a crevice in our hearts
To freedom
Embracing it
As the world disappears
Penetrating us
As we vanish in eternity.

Women desire bodies.
Women desire eagles.
Women are scattered among their kinfolk
And in the cemeteries
Our women
Learn their fate
Is pregnant with irony
They give birth to a space

Nurse it with tragedy
And deride the present.

And death, accursed
Snatches their sons from their bosoms
Teaching them to stand fast
Their stature in
Death and resurrection
Exalting the pain to be
Exalting the wounds
And May the women rest in peace.

HOUR OF WORSHIP

Night infiltrates
My lashes
Dissolves my blood
Drips over my fingers
Examines the cells
Starts to doze
And in the hour of worship
Behind a curtain of ankle bones
Awakens
With a quickening pulse
Infiltrates again
And finding me alone
Ready to confess
In the temple of idolatry
Abandons me.

STRUGGLE OF THE WHITE

ROOMS UNBUTTONED

Rooms unbuttoned
Divest us of blood
Hide in the mirrors
Demolish us

Rooms unbuttoned
Divest us of nakedness
Hide in space
Forsake us

Rooms snatched out of sleep
Sound our music in dreams
On the doors
Their flutes
Awaken in reproach

BEDS OF RAIN

I can't abide more
Beds of rain, windows of death
I awaken all
Wet and slain by faded roses
In color

Night itself constricts the darkness
From chilling horizon to my bedside

I can't abide more
Blooming of roses in my veins
Chiseled from the collar bone to the jugular

I awaken all wet
The figure crumbled in the carving
I crumble

Can't abide
The bed of rain, death with a garland of roses

And my window is the finale wreathed in death

SEVEN HEAVENS

I am she
Of ordinary skies
Falling in with a grand surprise
I am she
Of migratory skies
That offer a first communion
Teach me the route of birds
I am she
Of empty skies
Raining passions
Sown with myrrh and frankincense
Sprouting in oil
Anointed like incense
Wafting away
To an ancient well
Redolent of sin
Masses for the faithful
Fill me, crossing
In sagging skies
I learn the gravity of death
From an uncovered heaven
I learn the seasons of flowers
With wings
Without direction
I am she of
Skies that cry

Men of ashes
Woman of mockery
I am skies of
Sleepless nights
Ages of no land
I am she of
Seven heavens
Seven graves
My mother's forbear
I am she of
Nothing at all

DO YOU KNOW?

Do you know what it means
The way we lined up
And inching forward
Waited at the gate, tickets in hand
Ready to share the silence
Even in the dark we wished to know
About the life of others
To compare and discuss the essentials
With burning eyes
And sighing, so languorous we could barely rise
We leaned on the all of each other
Arms entwined, ambling along
More slowly
On the way
Kisses ripened in us
And we plucked the yield
By dawn

And before the rooster crowed each
Denied the other
Upon this rock
Was I shattered, this rock
You chose for a third temple
Where time was crucified
Where we for our sins
Will be crucified in time

Do you know what it means
The way we lined up
Waiting for the signal
Misled by the multitudes
The curtain will go down
And still we'll search for eyes
To light our sleep
And a dream to dispel the darkness from our soul
Banish us from scripture
Casting us out
Murdering us in the name of the highest power

Do you know that we were killed
But never died

WHITE

Don't want pages near me
Covered in words
Don't want a man near me
With a mind on meaning
So the blessed white
Will bring the meaning
Against the will of things

BACK TO MY BLACK SUITCASE

The demitasse is upside down
The book is sealed
And the road returns
From its journey
Back to my black suitcase
The port assembles fragments
Of a breaking wave
And clamors above the noise
This is where our journey ends
With the last of the waves
With the last promises of
The sand
A hush will fall

ALTAR OF TIME

Night, day and night
Wind around my waist
Fluffy cotton from
Birds in flight
Particles of compacted time
Night day and night
Languorously rusting
In the autumn scenery
From my ankle blade
The devil is born
Betrayed on the altar of time
Around my stooping form
A blade against the veins .

A LITTLE MORE LIFE

Birds with bills that
Crack the dawn
Crumbling black bread
On a pauper's table
Snatched by life
While there's still time

Frantically the birds swoop down
Slain while they pray for a little more life

CRY*

The pain is lacerating, your cry wrenching
I shake myself and stretch my wings
Over the blood in my neck
Plummeting to the ground I hug my losses
In the dust stung by footsteps
The feather of purity has slaughtered me

* Nidaa, the poet's name, means a loud cry in Arabic

DARE NOT WRITE

I dare not write
Unable to reveal the secret
Smaller than words
Weaker than memory
Less than a tear
Fear in my eyes
A spear in my mouth
Piercing words
From the region of my heart
Hidden in pockets of night

I dare not write
I cannot bear your promise
Cannot reveal the secret
Have no strength to wander anymore
You drew my likeness on the roads
You obliterated me
Folded up your notebook
And walked away
And still I consecrate
My flesh
With a message
Growing slowly
To be culled by your lips
You taught me to return
I return from you, unto you
You taught me to be silent

You taught me to laugh
Lately I've learned how to cry
From your hands
Came waves
Surging out of my cursed mouth
There were waves
That penetrated my remains
Dug deep in my ruins
Wrote the myth of nothing

THE SUGAR'S ULULATION

The sky is washing
In the cries of hallelujah
And my neck trembling
In its nakedness
Lightning
The sky is revealing
My shadow is hiding
In me
A down-pour of caressing
Darkness and meeting

Perhaps I'm hearing the voice
Of sugar meeting in water
Perhaps I'm spiraling steam
I'm hearing the sugar
Tickling me, neighing
Releasing me to you
Perhaps I'm playing all the colors
Perhaps I'm clapping
Between the green and the wine
Perhaps I'm chanting
The white hymn of heaven
Perhaps, Perhaps
Perhaps
I'm ending.

English translation by Lasana M. Sekou, Medellin, Colombia, June 2004

FROLIC OF THE GRAVE

Snow sounds like God
Burbling water, and lilies
Ritual-like
A woman of wax
Melting
One last time
From her lap
Foam-like
A man of heat
His flame afloat
How can she stop melting out of her eyes
And how can he stop melting from his fingers
A storm
Kills everything inside her
Reviving him
Life gasps in surprise
Her soul is drained of time.

PORTAL TO THE ORIENT

In the name of Allah
Who strews the clouds with sadness
And showers earth with tears
In the name of Allah, I testify
As a daughter of the Orient
Daughter of pain, granddaughter of the caliphs
In the name of Allah I tell you
I was slain by my dying mother
Who was slain by hers
Who was slain within the matrix of our nation,
being woman-born

In the name of Allah
They slew us one by one
On the eve of sloe-eyed beauties and slave-girls
Undressing in the dark, immersing themselves
In the royal baths
On the eve of sultans and the cool of the palace
On the eve of a land of salt and ashes

Oh tribesmen
We were slain by
Our forefathers and masters
By the el-qaeda and the uncommon people*
Females mummified by looking back

Oh tribesmen
We were born

Of sin and heresy and ancient lust
Of wantonness at wayside inns on balmy nights

Oh tribesmen,
We arrived
By way of the Silk Road
From India, the lands of Arabie, the peninsula, the ports
Slinking off the silk, down the road
Savoring the practice of hunger and the bite of desire
All we craved was to be
But the crescent moon stabbed us
The naked flesh of darkness bared our indignity

And the portal to the orient
Opened to the spices and perfumes of the bazaar
Opened the delicate warp and weave snagging
The hems of the abayat, the jilbabs, the veils, the linens
Entwining on the clotheslines and on shoulders hunched
In the liberty, and in the notion of liberty
The orient collapsed under the burden
Of date palm and the freight of wasteland and wilderness
And from earliest adorations of the sovereign of the world
Unto the glories of the sovereign of adorations
From prayers of the dawn unto dusk the setting of nobility.

The portal to the orient opens
The portal to the orient is the men
Their nights rule the noble coffee houses,
        hookah and cardamom
They rule over the harem
Extinguish the light of day, execute the possible,

proclaim madness

The portal to the orient is a land without a portal
Save at the mercy of the sultan
That locks the landlords behind it.

The portal to the orient is an age-old land
That banishes the landlords to a by-gone land
Where they live like diehards.
Even the question turns to unbearable longing
One reaction begetting another
To which the men never know the answer

The portal to the orient prays
Hide, O householders!
Oh Allah, hide us in your mercies!

The orient is a woman whose affliction is the night
The sun, a second wife
Its scorching is killing

And the portal to the orient intones
O my heart
Do not ask where love is
It was a fantasy that crumbled

The portal to the orient intones
Searing rages come and go but I am faithful
Searing rages come and go but I am faithful

The portal to the orient intones
Let my voice mount like a wave and flood their conscience.
Tell them, maybe they will awaken from it.

The portal to the orient is a lament
A portal for opens, a portal for shame,
a portal for God to help us

The portal to the orient bears the words
Burden her shoulders with weariness

The portal to the orient is engraved with the howling
Of the mortified

In the orient we tell our daughters
Guard yourselves
For you are the preserve of family honor
And as we always say
Murder in the orient
Is out of the question

The portal to the orient is a word
Engendering words
And all the talking makes them skilled in dispute.

Generations were born in war
And war is language.
People write, people read and people repeat
Without intention
Some are gone, some have migrated and the rest
Search for their traces.
The discussion is over and meaning has broken down
The portal to the orient is going round the bend
Bolting the cardinal points of the earth

The portal to the orient is a liar
Each day the sun rises

And is swallowed up at dusk
Never trust the promise given you
It is ancient
And your land is a gown,
A time-stripped prayer that settled on the road

The portal to the orient is inscribed
On the brows of the people
On the soil of the land
Mixing up
Your body, your hunger, your thirst and your fate

Round and round the portal
Sills that spurt blood
Sills that lament:

Count your men, and if
The wind should blow hold fast
Woe be unto the passerby
The zero of their forefathers scorches
There has been nothing but a zero in their hands
Since the day they discovered it.

Round and round the portal
The screams of children and the children are small

A hat once and twice around**
The portal and the staircase
Open the portal, Sultan
Open your portal, protect us
We are small, our hands are weary
Of knocking on your portal, the hood of night grows long

Till Leila awakens
In her long red riding hood and says,
Woe unto us, Grandmother is dead
And the monster
In pursuit.

*The Arabic word 'quaeda' meaning 'base' or 'headquarters', and the allusion to al Quaeda
is untranslatable
**A traditional Palestinian nursery game played in a circle. "Leila" is the Palestinian name for
the Little Red Riding Hood of the Grimms Brothers tale.

About the Author

Nidaa Khoury was born in the Upper Galilee village of Fassouta in 1959. Khoury has published seven books of poetry, most of them in Arabic. *The Barefoot River* (1990) was published in Arabic and Hebrew, and *The Bitter Crown* (1997), censored in Jordan in 1997, was republished as *Rings of Salt* in 1998. The works of the Palestinian poet have been studied at the University of Haifa and the Hebrew University and has been widely reviewed by the Arab press. She regularly participates in international conferences such as the Conference of Arab Poets (Amsterdam), the Conference of Human Rights and Solidarity with the Third World (Paris), Poetry Africa (Durban), the Poetry Festival of Jordan, the International Poetry Festival of Medellin, the St. Martin Book Fair, and the Napoli Conference on Human Rights. The mother of four works for the Association of Forty, a human rights organization for the full acceptance of the "Unrecognized Arab Villages" in Israel. She is a founding member of the Path to Peace organization and is a member of the General Union of Arab Authors in Israel and of the General Union of Authors of Israel. In 2010, *Nidaa Through Silence*, a short documentary by Omri Lior about the poet, won first prize at the 8th annual Global Art Film Festival. Other books of poetry by Nidaa Khoury are *The Prettiest of Gods Cry* (2000), *The Culture of Wine* (1993), The Belt of Wind (1990), *Braid of Thunder* (1989), and *Declaring My Silence* (1987). She is currently teaching at Ben-Gurion University.*Book of Sins* is the first trilingual book of poetry by Nidaa Khoury. It is also the first title with the translation of a full English collection by this important Middle Eastern poet published in the Caribbean and the Americas.

עַד אֲשֶׁר הֵקִיצָה לַיְלָה
בְּכִפָּתָהּ הָאֲדֻמָּה אוֹמֶרֶת:
אוֹיָה לָנוּ, סַבְתָּא מֵתָה
וְעוֹד רוֹדֶפֶת
אַחֲרֵינוּ הַמִּפְלֶצֶת.

תרגום: חנה עמית-כוכבי

סְחוֹר-סְחוֹר סְבִיב הַשַּׁעַר
מִפְּתָנִים זָבִים הוֹלְכִים
מִפְּתָנִים מְקוֹנְנִים:

סִפְרִי גְּבָרַיִךְ סִפְרִי
הָרוּחַ נוֹשֶׁבֶת אָחְזִי
הָעוֹבֵר בְּלִבּוֹ מִצְטַעֵר
אֶפֶס אֲבוֹתָיו בּוֹעֵר
מִיּוֹם שֶׁגִּלּוּ אֶת הָאֶפֶס
אָחוּז עֲדַיִן בִּידֵיהֶם.[8]

סְחוֹר-סְחוֹר סְבִיב הַשַּׁעַר
צַעֲקוֹת יְלָדִים וְהַיְּלָדִים קְטַנִּים:[9]

כּוֹבַע פַּעַם וּשְׁנִיָּה
שַׁעַר מַדְרֵגוֹת וַעֲלִיָּה
פְּתַח הַשַּׁעַ ה, הַסֻּלְטָאן
פְּתַח שַׁעַרְךָ, הָגֵן עָלֵינוּ
אָנוּ קְטַנִּים, עָיְפוּ יָדֵינוּ
מֵהַקֵּשׁ עַל שַׁעַרְךָ הִתְאָרֵךְ הַלַּיְלָה

8 שיר עם פלסטיני הכולל רמיזות פוליטיות

9 שיר משחק מסורתי של ילדים פלסטינים המתבצע במעגל. "לילה" היא מי שמכונה באגדות האחים גרים "כיפה אדומה".

הַשַּׁעַר לַמִּזְרָח מִלָּה
שֶׁמּוֹלִידָה מִלִּים וַאֲנָשִׁים
בְּהַמּוֹלֶת מֶלֶל כָּל הַזְּמַן רבִים.

דּוֹרוֹת נוֹלְדוּ, נִלְכְּדוּ
בַּמִּלְחָמָה
וְהַמִּלְחָמָה שָׁפוֹת.
אֲנָשִׁים כּוֹתְבִים, אֲנָשִׁים קוֹרְאִים וַאֲנָשִׁים
חוֹזְרִים עַל הַדְּבָרִים
בְּלִי כַּוָּנוֹת. חֵלֶק עָבַר, חֵלֶק הִגֵּר וְהַשְּׁאָר נוֹתָר
מְחַפֵּשׂ עֲקֵבוֹת.
תַּם הַדִּבּוּר הַפֵּשֶׁר נִשְׁבַּר
שַׁעַר הַמִּזְרָח נַעֲשָׂה מְשֻׁגָּע
בִּפְנֵי הָאָדָם סָגַר כִּוּוּנֵי אֲדָמוֹת.
שַׁעַר הַמִּזְרָח שַׁקְרָן,
כָּל יוֹם עוֹלָה שֶׁמֶשׁ
וְנִבְלַעַת בַּשְּׁקִיעָה.
אַל תִּבְטַח בַּהַבְטָחָה שֶׁנִּתְּנָה לְךָ
הַהַבְטָחָה קְדוּמָה
וְאַרְצְךָ גְּלִימָה,
תְּפִלָּה שֶׁהַזְּמַן פָּשַׁט וְהַדֶּרֶךְ לָבְשָׁה.

שַׁעַר הַמִּזְרָח כָּתוּב
עַל מִצְח הָאֲנָשִׁים
בְּעָפָר הָאָרֶץ
בְּלוּלִים
גּוּפְךָ, רַעֲבוֹנְךָ, צִמְאוֹנְךָ וְהַגּוֹרָל.

וְשַׁעַר הַמִּזְרָח שַׁעַר הַמִּזְרָח שָׁר:
הַזַּעַם הַבּוֹהֵק הוֹלֵךְ וּבָא וְכֻלִּי אֱמוּנָה.
הַזַּעַם הַבּוֹהֵק הוֹלֵךְ וּבָא וְכֻלִּי אֱמוּנָה.[6]

וְשַׁעַר הַמִּזְרָח שָׁר:
עָלֶה קוֹלִי נַחְשׁוֹל נַעֵר אֶת נַפְשָׁם
סַפֵּר לַהֶם אוּלַי תָּעִיר בָּהֶם דָּבָר.[7]

שַׁעַר הַמִּזְרָח קִינָה
שַׁעַר לִפְתִיחָה שַׁעַר לְחֶרְפָּה שַׁעַר לְטִמְיוֹן.

עַל שַׁעַר הַמִּזְרָח כָּתוּב
לְהַעֲמִיס עַל כְּתֵפֶיהָ תְּלָאוֹת .

עַל שַׁעַר הַמִּזְרָח חָרוּט קוֹל זְעָקָה
קָרוּעַ מַכְרִיעַת אָדָם.

בַּמִּזְרָח אָמְרוּ לַבַּת
שִׁמְרִי עַל תֻּמָּתֵךְ.
מֵאָז קָרְאוּ לָךְ כָּבוֹד
יוֹצֵא מִן הַכְּלָל לִרְצֹחַ אוֹתָךְ
בַּמִּזְרָח זֶה יוֹצֵא מִן הַכְּלָל.

---

6 קטע מן השיר "זַהְרַת אלמַדָאאִן" ("העיר היפה כפרח"), מאת האחים רחבאני, מפי הזמרת הלבנונית פיירוז (1935-).

7 קטע הסיום לשיר "שַׁוָארִע אלְקֻדְס" ("רחובות ירושלים"), מפי פיירוז.

שַׁעַר הַמִּזְרָח אֶרֶץ
אֵין בָּהּ שַׁעַר מִלְּבַד רַחֲמֵי סֻלְטָאן
שֶׁנָּעֲלוּ אֶת הָאָרֶץ עַל יוֹשְׁבֶיהָ.

שַׁעַר הַמִּזְרָח אֶרֶץ שֶׁהַזְּמַן הִשְׁתָּרֵר עָלֶיהָ
שָׁלַח אֶת בָּנֶיהָ לְאֶרֶץ אָז. שָׁם חַיֵּיהֶם נֶהְפָּכִים
עַל פְּנֵיהֶם וְאַף הַשְּׁאֵלָה הוֹפֶכֶת לִכְמִיהָה
שֶׁלֹּא נִתָּן עוֹד לְשֵׂאתָהּ
תְּגוּבָה מוֹלִידָה תְּגוּבָה
וְהַגְּבָרִים לֹא יוֹדְעִים אֶת הַתְּשׁוּבָה.

שַׁעַר הַמִּזְרָח נוֹשֵׂא תְּפִלָּה:
הוֹי בְּנֵי הַבַּיִת, הִסְתַּתְּרוּ!
הוֹי אַלְלָה, הַסְתִּירֵנוּ בְּחַסְדְּךָ.

הַמִּזְרָח אִשָּׁה מַחֲלָתָהּ הַלַּיְלָה
צָרָתָהּ הַשֶּׁמֶשׁ
וּבְכְוִיָּתָהּ מוֹתָהּ.

וְשַׁעַר הַמִּזְרָח שָׁר:
לִבִּי, אַל תִּשְׁאַל לְאָן פָּנְתָה הָאַהֲבָה.
הָיְתָה טִירַת חֲלוֹם וְחָרְבָה.[5]

5 קטע הפתיחה לשיר "אלאָטְלָאל" ("על חורבות האהבה"), מאת המשורר אבראהים נאג'י, מפי הזמרת המצרייה אום כולת'ום (1899-1975).

הוֹי הַשֶּׁבֶט, נוֹלַדְנוּ
מִכְּפִירָה מֵחֵטְא וּמִתְּשׁוּקַת מִין עַתִּיקָה,
מִן הַפְּרִיצוּת בְּמַרְזְחֵי הַלֵּילוֹת הַיָּפִים.
הוֹי הַשֶּׁבֶט, בָּאנוּ
מִמֶּרְחָק עָצוּם, בְּדֶרֶךְ הַמֶּשִׁי
מֵהֹדּוּ אֶל אַרְצוֹת עֲרָב וַחֲצִי הָאִי עֲרָב וְנִמְלֵי עֲרָב.
הֶחֱלַקְנוּ מִן הַמֶּשִׁי, גָּלַשְׁנוּ
מִן הַדֶּרֶךְ, נָגַסְנוּ רָעָב פָּרוּעַ, נִנְגַּסְנוּ,
וְכָל שֶׁרָצִינוּ הָיָה לִהְיוֹת
אַךְ הַסַּהַר שִׂסַּע אֶת בְּשַׂר הָחֲשֵׁכָה, חָשַׂף אֶת הַחֶרְפָּה.

וְשַׁעַר הַמִּזְרָח נִפְתַּח.
הַשַּׁעַר לַמִּזְרָח נִפְתַּח עַל תַּבְלִינָיו וְעַל שׁוּקֵי הַבְּשָׂמִים, נִפְתַּח הַשַּׁעַר
לַבַּדִּים וְנִגְרְרוּ שׁוּלֵי הָעַבָּאיוֹת וְהַגְּלִימוֹת וְהַצְּנִיפִים וְהַסְּדִינִים,
הִשְׁתַּלְשֵׁל הַבַּד עַל חֶבְלֵי הַכְּבִיסָה וְעַל הַכְּתֵפַיִם הַכְּפוּפוֹת מֵעֲלָהּ
שֶׁל הַחֵרוּת וּמֵרַעְיוֹן הַחֹפֶשׁ, הַמִּזְרָח כָּרַע תַּחַת כֹּבֶד הַתְּמָרִים וְנֵטֶל
הַמִּדְבָּרִיּוֹת, מֵרֵאשִׁית הַשֶּׁבַח לְרִבּוֹן עוֹלָם עַד הוֹד רִבּוֹן הַשֶּׁבַח,
וּמִתְּפִלַּת הַבֹּקֶר עַד נִבְכֵי הָאֲצִילוּת.

שַׁעַר הַמִּזְרָח נִפְתַּח
וְשַׁעַר הַמִּזְרָח כֻּלּוֹ גְּבָרִים.
לֵילָם שׁוֹלֵט בְּלֵילוֹת בָּתֵּי הַקָּפֶה הַנַּרְגִּילוֹת וְהַהֶל,
לֵילָם רַב כֹּחוֹ לִשְׁלֹט
בַּהַרְמוֹן, לִסְגֹּר עַל אוֹר
הַשֶּׁמֶשׁ, לַעֲרֹף אֶת הָאֶפְשָׁר
לְהַכְרִיז טֵרוּף.

שער המזרח

בְּשֵׁם אַלְלָה
אֲשֶׁר שִׁלַּח עֶצֶב אֶל הָעֲנָנִים
וְהִמְטִיר עַל הָאָרֶץ גֶּשֶׁם שֶׁל דְּמָעוֹת –
בְּשֵׁם אַלְלָה אָעִיד כִּי אֲנִי
בַּת הַמִּזְרָח
בַּת הַכְּאֵב נֶכְדַּת הַחֲלִיפִים.
בְּשֵׁם אַלְלָה
הָרַג אוֹתִי מוֹת אִמִּי. אוֹתָהּ
הָרְגָה אִמָּהּ. אוֹתָהּ הָרְגָה הָאֻמָּה
כְּשֶׁנּוֹלְדָה מִן הַנָּשִׁים.

בְּשֵׁם אַלְלָה
הָרְגוּ אוֹתָנוּ עַד אַחַת
בְּלֵיל הַיְּפֵיפִיּוֹת שְׁחֹרוֹת הָעַיִן וְהַשְּׁפָחוֹת
בַּאֲפֵלַת הַהִתְעַרְטְלוּת וְהָרַחֲצָה
בְּבָתֵּי הַמֶּרְחָץ וְאַרְמוֹנוֹת הַשַּׁלִּיטִים
בְּלֵיל הַסֻּלְטָאנִים וְקֹר הָאַרְמוֹנוֹת
בְּלֵיל הָאָרֶץ הָעֲשׂוּיָה מֶלַח וָאֵפֶר.

הוֹי הַשֵּׁבֶט, נִרְצַחְנוּ
עַל יְדֵי אֲבוֹת אֲבוֹתֵינוּ וַאֲדוֹנֵינוּ וְשִׁעְבּוּדֵנוּ,
עַל יְדֵי הַכְּלָל וְהַיּוֹצֵא מִמֶּנּוּ,
נָשִׁים שֶׁאִבֵּן הַמַּבָּט לְאָחוֹר.

שעשועי קבר

הַשֶּׁלֶג נשמע כְּמוֹ אֱלֹהִים
הֶמְיַת מַיִם וַחֲבַצָּלוֹת
טֶקֶס,
אִשָּׁה שֶׁל דּוֹנַג
נְמַסָּה מֵחֵיקָהּ
קֶצֶף,
בפַּעַם האַחֲרוֹנָה
אִישׁ שֶׁל חֹם
שַׁלְהַבְתּוֹ צָפָה בּוֹ
אֵיךְ לֹא תִּמַּס מֵעֵינֶיהָ
וּמֵאֶצְבְּעוֹתָיו
אֵיךְ לֹא יִמַּס
סְעָרָה..
מְמִיתָה בָּהּ את הַכֹּל
וּמַחֲיָה אוֹתוֹ
החַיִּים נאנקים.. בְּהַפְתָּעָה
הַנְּשָׁמָה מִתְרוֹקֶנֶת מִזְּמַנָּהּ
כמו אגדה...

תרגום: פרופ' ששון סומך

צהלת הסוכר

הַשָּׁמַיִם רוֹחֲצִים
בְּיִלְלוֹת שִׂמְחָה
עוֹטִים אֶת לְבוּשׁ הַסֵּבֶל
וְצַוָּארִי נִרְעָד
בְּעֶרְיָתוֹ
בָּרָק
קְלוֹן הַשָּׁמַיִם כִּמְעַט נֶחְשָׂף
וְצִלִּי נֶחְבָּא
זַרְזִיפֵי מַגָּע וַאֲפֵלָה
כִּמְעַט שׁוֹמַעַת סֻכָּר
נָמֵס בַּמַּיִם כִּמְעַט
רוֹקֶדֶת מוּזִיקָה שֶׁל יָדֶיךָ
כִּמְעַט עוֹלָה בְּסִלְסוּל הָאֵד
שׁוֹמַעַת אֶת הַסֻּכָּר נָמֵס מְדַגְדֵּג
מְשִׁיבֵנִי אֵלַי
וְצוֹהֵל
כִּמְעַט מְנַגֶּנֶת גְּוָנִים
כִּמְעַט מוֹחֵאת כַּף
בֵּין הַיָּרֹק לְאַדְמוּמִית הַיַּיִן
מְסַלְסֶלֶת בְּקוֹלִי זְמִירוֹת שָׁמַיִם
כִּמְעַט
גוֹמֶרֶת.

20.1.95

לִמַּדְתָּ אוֹתִי אֶת הַשִּׁיבָה
אֲנִי שָׁבָה מִמְּךָ אֵלֶיךָ
לִמַּדְתָּ אוֹתִי אֶת הַשְּׁתִיקָה
אֶת הַצְּחוֹק
וּלְבַסּוֹף הֵיטֵב לָמַדְתִּי אֶת הַבְּכִי
מִיָּדֶיךָ
הָיוּ גַּלִּים
מִתְגַּעֲשִׁים בְּפִי הַמְּקַלָּל
הָיוּ גַּלִּים
שֶׁחָדְרוּ אֶל שְׂרִידַי
חוֹפְרִים לְעֹמֶק הֲרִיסוֹתַי
כּוֹתְבִים אַגָּדַת הָאַיִן מֵאַיִן.

תרגום: חנה עמית כוכבי

גלים ואַיִן

אֵינֶנִּי מְעֻזָּה לִכְתֹּב
אֵינֶנִּי מְסֻגֶּלֶת לְגַלּוֹת סוֹד
קְטַנָּה מִן הַמִּלִּים
חַלָּשָׁה מִזִּכָּרוֹן
מְעַטָּה מִדִּמְעָה
פּוֹחֶדֶת מֵעֵינַי
וּבְפִי רֹמַח
הַחוֹתֵךְ אֶת הַמִּלִּים
מִקְּצוֹת לִבִּי
וּמַסְתִּירָן בְּכִיסֵי הַלַּיְלָה

אֵינֶנִּי מְעֻזָּה לִכְתֹּב
אֵינֶנִּי יְכוֹלָה לָשֵׂאת אֶת הַבְטָחָתְךָ
אֵינֶנִּי מְסֻגֶּלֶת לְגַלּוֹת סוֹד
אֵין בִּי כֹּחַ לָנוּעַ וְלָנוּד
צִיַּרְתָּ אֶת דְּמוּתִי עַל פְּנֵי הַדְּרָכִים
מָחַקְתָּ אוֹתִי
קִפַּלְתָּ אֶת פִּנְקָסְךָ הַקָּטָן
וְהָלַכְתָּ
וַאֲנִי עוֹדֶנִּי
מְקַדֶּשֶׁת אֶת עוֹרִי
הַנּוֹשֵׂא אֶת הָאִגְּרוֹת
הַצּוֹמְחוֹת לְאִטָּן
לְמַעַן יִקְטְפוּ אוֹתָן שְׂפָתֶיךָ

קריאה[4]*

הַכְּאֵב מְשַׁסֵּף וּקְרִיאָתְךָ מְפַתָּה
מִתְנַעֶרֶת וּכְנָפַי מִתְפַּלְּשׁוֹת
בְּדַם צַוָּארִי
צוֹנַחַת לְחַבֵּק אֶת הָאָבְדָן
עַל עָפָר שֶׁהָרַגְלַיִם עָקְצוּ

שֶׁחָטָה אוֹתִי נוֹצַת הַטֹּהַר

תרגום: חנה עמית כוכבי

4 * פירוש השם "נִדָאא" הוא "קריאה בקול"

שנות חיים

מַקּוֹרֵי הַצִּפֳּרִים מְפַצְּחִים אֶת הַשַּׁחַר
לִפְתּוֹתֵי לֶחֶם שָׁחֹר
עַל שֻׁלְחָן הָאֶבְיוֹן
הַחַיִּים טוֹרְפִים
בְּחִפָּזוֹן לְהַדְבִּיק אֶת הַזְּמַן

עוֹף מְבוֹהָל הֻופַּל לָאָרֶץ
מִתְחַנֵּן עַל שְׁאֵרִית יָמָיו.

תרגום: חנה עמית כוכבי

מזבח הזמן

הַלַּיְלָה הַיּוֹם וְהַלַּיְלָה
עוֹטְפִים אֶת מָתְנַי
בְּכֻתָּנָה סְרוּקָה
מנתיבי הַצִּפֳּרִים
מֵחֶלְקִיקֵי הַזְּמַן הַדָּחוּס.
הַלַּיְלָה הַיּוֹם וְהַלַּיְלָה
לֵאוּת חֲלוּדָה
בִּתְמוּנַת הַסְּתָו.
מִקַּרְסֻלֵּי הַסַּכִּינִים
נוֹלַד הַסָּטָן
בְּמִזְבַּח הַזְּמַן הַנִּבְגָּד
נִכְרָךְ בְּקוֹמָתִי הַשְּׁפוּפָה
נגד הָעוֹרְקִים.

תרגום: חנה עמית-כוכבי

כלא היה

סִפְלוֹן הַקָּפֶה הָפוּךְ
הַסֵּפֶר חָתוּם
וְהַדֶּרֶךְ שָׁבָה
מִנְּדִידָתָהּ
אֶל מִזְוַדְתִּי הַשְּׁחֹרָה.
הַנָּמֵל אוֹסֵף אֶת פִּסּוֹת
הַגַּל הַנִּשְׁבָּר
מִצְטַעֵק מֵעָצְמַת הַקּוֹל
כָּאן מִסְתַּיֶּמֶת הַנְּדִידָה
עִם אַחֲרוֹן הַגַּלִּים
עִם הַבְטָחַת החולות
הָאַחֲרוֹנָה תִּהְיֶה דְּמָמָה.

תרגום: רוז'ה תבור

הלבן

לא רוֹצָה נייר
נוֹשְׂא מִלִּים
לא רוֹצָה גֶּבֶר
עסוק בפשר
הַלָּבָן הַקָּדוֹשׁ
ילִד לו פירושים קְדוֹשִׁים
כַּאֲשֶׁר יבוא
חרף רְצוֹן הַדְּבָרִים

תרגום : פרופ' ששון סומך

בונה בֵּיתְךָ הַשְּׁלִישִׁי
וְהַזְּמַן
נִצלב וַאֲנַחְנוּ
נִצָּלֵבים
בַּזְּמַן שֶׁיָּבוֹא לְכפרת
חֲטָאִים

הַתֵּדַע מַה הַמַּשְׁמָעוּת
עָמַדְנוּ בְּשׁוּרָות שֶׁל
אֲנָשִׁים רַבִּים
ממתינים וִיתַעֲתַע בָּנוּ הֶהָמוֹן
יִגָּמֵר הַמַּחֲזֶה
וַאֲנַחְנוּ
עוֹדֵנוּ מְחַפְּשִׂים עֵינַיִם
לראות בהם שֵׁינָה, לראות
בהם חֲלוֹם
הַרוֹדֵף בנו חֹשֶׁכת הנִשְׁמָה
ומַגְלֶה אוֹתָנוּ
מִפִּרְקֵי קֹדֶשׁ
משליכנוּ
ורוֹצֵחַ בְּשֵׁם כֹּחַ העֶלְיוֹן.

הַתֵּדַע מַה הַמַּשְׁמָעוּת
נִרְצַחְנוּ
אַךְ לֹא מַתְנוּ.

19.08.2007   באר שבע, 3:00 בבוקר

הַתֵּדַע מַה הַמַּשְׁמָעוּת

הַתֵּדַע מַה הַמַּשְׁמָעוּת
עָמַדְנוּ בְּשׁוּרוֹת
אֲנָשִׁים רַבִּים
הָלַכְנוּ
צַעַד צַעַד
הִמְתַּנּוּ בַּפֶּתַח עִם כַּרְטִיסִים
מוּכָנִים לִשְׁתִיקָה
אַף בַּחֹשֶׁךְ בִּקַּשְׁנוּ לָדַעַת
אֲחֵרִים
הָיִינוּ מַשְׁוִים דָּנִים
בַּמַּהוּת בְּעֵינַיִם לוֹהֲטוֹת
נֶאֱנָחנוּ מִתְעַצְּלִים נִשְׁעָנִים
זה על זה
שֶׁלִּבְּנוּ זְרוּעוֹת
הָלַכְנוּ
לְאַט הֶאַטְנוּ
בַּדְּרָכִים
נְשִׁיקוֹת הִבְשִׁילוּ בָּנוּ
וְהָיִינוּ קוֹטְפִים
אֲנָחוֹת עוֹד לִפְנֵי עֲלִיַּת הָאוֹר

וְלִפְנֵי קְרִיאַת הַתַּרְנְגוֹל הִתְכַּחֵשְׁנוּ
הָאֶחָד לַשֵּׁנִי, עַל סֶלַע זֶה
אֶתְרַסֵּק וְעַל סֶלַע זֶה אתה

שָׁמַיִם בּוֹכִים
וּגְבָרִים שֶׁל אֵפֶר
אִשָּׁה לַגִּלְגָּנִית
אֲנִי זוֹ שֶׁיֵּשׁ לָהּ
שָׁמַיִם בְּלִי שֵׁנָה
וְחַיֵּי אָדָם בְּלִי אֲדָמָה.
אֲנִי זוֹ שֶׁיֵּשׁ לִהּ
שִׁבְעָה רְקִיעִים
וְשִׁבְעָה קְבָרִים
יֵשׁ לִי אֵם
שֶׁנּוֹלַדְתִּי לְפָנֶיהָ
אֲנִי זוֹ שֶׁאֵין לִהּ

תרגום: פרופ' ששון סומך

שבעה רקיעים

אֲנִי זוֹ שֶׁיֵּשׁ לָהּ
שָׁמַיִם רְגִילִים
לְתוֹכָם אפול בְּהַפְתָּעָה
אֲנִי זוֹ שֶׁיֵּשׁ לָהּ
שָׁמַיִם מְהַגְּרִים
הַמְטִילִים לְתוֹכִי מִנְחָה קְדוֹשָׁה
מַרְאִים לִי אֶת כִּוּוּנֵי הַצִּיפּוֹרִים
אֲנִי זוֹ שֶׁיֵּשׁ לָהּ
שָׁמַיִם רֵיקִים
מַמְטִירֵי תַּאֲוָה
זוֹרְעֵי מֹר וּלְבוֹנָה
וַאֲנִי צוֹמַחַת בְּשֶׁמֶן הַמִּשְׁחָה
כְּאֵדֵי קְטֹרֶת
הוֹלֶכֶת לַבְּאֵר הַיְּשָׁנָה
מַדִּיפָה חֲטָאִים
וְטִקְסֵי מַאֲמִינִים
מְקַבְּעִים אֶת הַדָּת במוחלט
מבקעים אוֹתִי
בְּשָׁמַיִם רְפוּיִים
לוֹמֶדֶת אֶת כְּבֵידוּת הַמָּוֶת
בְּשָׁמַיִם לְלֹא מִכְסֶה
לוֹמֶדֶת אֶת עוֹנוֹת הַפְּרָחִים
בִּכְנָפַיִם לְלֹא כִּוּוּנִים
אֲנִי זוֹ שֶׁיֵּשׁ לָהּ

משכב

לא יכולתי לסבול
את משכב הַגֶּשֶׁם
וחַלּון הַמָּוֶת
קַמְתִּי רְטֻבָּה
הרגוני ורדים הקמלים
בצבעם

הליל הדק אל עצמו אפלה
מֵאֹפֶק הקור עַד משכב הבערה

לא יכולתי לסבול
הורדים נוֹלְדים לַוְּוְרִיד
שְׁחוּטִים מְצֻוָּאר עַד מֵיתָר
קַמְתִּי רְטובה, מצבעי
הַפִּסוּל נבלל בִּפְסָלִים
וַאֲנִי גם
נבללתי
לא יכולתי לסבול
מִשכב הַגֶּשֶׁם מָוֶת מקושט וְרָדִים
וְהקץ חַלּון מְעֻטָּר מֵתִים.

תרגום: פרופ' ששון סומך

חדרים פרומי כפתורים

חֲדָרִים פרומי כפתורים
מַפְשִׁיטִים אוֹתָנוּ מִדָּמֵנוּ
נֶחְבָּאִים בַּמַּרְאוֹת
מְבִיסִים אוֹתָנוּ
* * *

חֲדָרִים פרומי כַּפְתּוֹרֵים
מַפְשִׁיטִים אוֹתָנוּ מֵעֶרְיָתָם
נֶחְבָּאִים בַּמַּעֲרֻמִּם
נוטשים אוֹתָנוּ
* * *

חֲדָרִים תלושים משינה
מְנַגְּנִים אוֹתָנוּ בַּחֲלוֹמוֹת
עַל הַדְּלָתוֹת
חֲלִילִים
מְקִיצִים נוֹזְפִים בָּנוּ

תרגום: חנה עמית כוכבי

מאבק הלבן

הסתננות

הַלַּיְלָה מסתנן דרך עַפְעַפַּי
מִתְפָּרֵק מִדָּמִי
זוֹלֵג עַל פִּרְקֵי אֶצְבְּעוֹתַיי
בּוֹדֵק אֶת תָּאָיו
וְנִרְדָּם
כְּשֶׁהִתְמַסרוּת מַתְחִילָה
מִפָּרֹכֶת הַקַּרְסֹל
הוּא מִתְעוֹרֵר
וְדָמוֹ מְפַעְפֵּעַ
על מִזְבֵּחַ
הַלַּיְלָה שׁוּב מסתנן
מוֹצֵא שֶׁהִתְמַסֵּרְתִּי
לְוִידּוּי
בְּהֵיכַל אֱלִילַי
מניח לי.

תרגום: פרופ' ששון סומך

***

וְהַמָּוֶת הָאָרוּר
לוֹקֵחַ אֶת הַבָּנִים מִן החָזה
מְלַמֵּד אֶת הַנָּשִׁים אֵיתָנוּת
הקרוּעה לִשְׁתֵּי קוֹמוֹת
מָוֶת וּתְחִיָּה
הַלֵּל לַכְּאֵב הֶעָתִיד לָבוֹא
שֶׁבַח לַפְּצָעִים
וִיְהִי שָׁלוֹם עַל הַנָּשִׁים.

תרגום: חנה עמית כוכבי

אמונת הנשים

נָשִׁים מַאֲמִינוֹת כִּי הַפֶּצַע
הוּא אֱלֹהִים. מִמֶּנּוּ
נוֹלָדִים, אוֹתוֹ חַיִּים
וּבוֹ אָנוּ מֵתִים.
נָשִׁים מַאֲמִינוֹת כִּי בֵּית הַכֶּלֶא
הוּא זְכוּת. נִשָּׁלַח אֵלָיו, נָמוּת בּוֹ
וְהוּא יַחֲלִיף אוֹתָנוּ
בַּשְּׁמִירָה עַל הַבָּנִים.
נָשִׁים מַאֲמִינוֹת כִּי הַקְּלִיעִים
הֵם תְּשׁוּקָה. נוֹשְׁקִים לָנוּ. פּוֹעֲרִים
בַּלֵּב פֶּה לַחֵרוּת. חוֹבְקִים אִתָּנוּ
וְהָעוֹלָם נֶעֱלָם. נִכְנָסִים בָּנוּ
וְאָנוּ יוֹצְאִים אֶל הַנֶּצַח.
***

נָשִׁים חוֹשְׁקוֹת בְּגוּף המתים.
נָשִׁים חוֹשְׁקוֹת בִּנְשָׁרִים.
נָשִׁים פְּזוּרוֹת בֵּין הַשְּׁבָטִים
לְבָתֵּי הַקְּבָרוֹת.
נָשֵׁינוּ
לוֹמְדוֹת אֶת הַגּוֹרָל
הָרוֹת אִירוֹנְיָה
יוֹלְדוֹת מָקוֹם
מְנִיקוֹת אוֹתוֹ טְרָגֶדְיָה
וְלוֹעֲגוֹת לַהֲוָיָה.

פעמון הכנסייה

לְבַדּוֹ
מתנודד
עַל צַוָּארוֹ חֶבֶל
מכל הַמִּתְפַּלְּלִים
הוא לְבַדּוֹ
תָּלוּי
מְשׁוֹטֵט
מֵת
קוֹרֵא לָנוּ
מְצַוֶּה
וְאָנוּ כּוֹרְעִים בֶּרֶךְ
מִתְפַּלְּלִים אֵלָיו
לְבַדּוֹ הוא
הָאָדוֹן
שנִּגְזַר עָלָיו
לֹא יִגְעוּ בָּאֲדָמָה רַגְלָיו

לְבַדּוֹ
נָע בִּכְבֵדוּת
חֶבֶל
הַמִּתְפַּלְּלִים
עַל צַוָּארוֹ
תָּלוּי
מְשׁוֹטֵט
מֵת
קוֹרֵא לָנוּ
כּוֹרְעִים בֶּרֶךְ
מִתְפַּלְּלִים
אֵלָיו
לְבַדּוֹ
הוּא
אָדוֹן שֶׁנִּגְזַר עָלָיו
לֹא יִגְעוּ בָּאֲדָמָה רַגְלָיו

בלא קול

עַכָּבִישׁ טוֹוֶה את גוּפִי הַמִּתְפּוֹרֵר
שִׁבֹּלֶת מַסְתִּירָה רַעֲבוֹנִי
וְקַרְסֻלַּי מַגָּל בִּשְׂדֵה חִטָּה
* * *

חוּטֵי הַיְדִיעָה
רֶסֶן לְחֵרוּתִי
חוּטֵי הַבֶּגֶד
חוֹשְׂפִים את כְּאֵבִי
* * *

מִן הַמֹּתֶן בָּאָה נִימְפַת הַכְּאֵב
עוֹטָה צָעִיף עָכוּר
מְזַמֶּרֶת לַדַּיָּגִים
וּבְשַׂר הָאֱנוֹשׁוּת מוֹחֵא כַּף

תרגום: חנה עמית כוכבי

עירום

סְנָאִי תּוֹפֵר אֶת הָאֲדָמָה
בְּחוּטֵי עוֹרְקַי
אני נִפְרֶמֶת
עֵירֹם   קֶצֶף   בְּדִידוּת

מִתְפַּשֶּׁטֶת מִזִּכְרוֹנִי
מְפַתָּה אֶת הַסְּנָאִי
הַמְזַנֵּק וּמְשַׁסֵּעַ אֶת וְרִידַי
נוֹפֶלֶת נְשִׁיקָה אחר
נְשִׁיקָה

תרגום: חנה עמית כוכבי

115

מִנחַת ההיכל

הַשִּׁיבֳּולִים כָּרְעוּ
בִּתְפִלָּה לַמַּגָּל
הִנֵּה הִגִּיעַ הַקֵּץ
בְּחֵיק שׁוֹפֵעַ זֵעָה
הַגַּרְגְּרִים נִמְלְטוּ
מִיִּסּוּרֵי הַשָּׂדֶה
נִרְדְּמוּ
עַד בּוֹא הַדַּיִשׁ
חָלְמוּ עַל שִׁיבֹּלֶת
אַךְ מִנְחַת הַהֵיכָל הֵעִירָה אוֹתָם

תרגום: פרופ' ששון סומך

כַּלַּת הַבָּצֵק הִשְׁתַּהֲתָה בַּתַּנּוּר
הִתְרַכְרְכָה מֵהַחְשָׁכַת הַגֶּחָלִים
הִתְרוֹפְפָה
בֵּין שִׂפְתֵי הַזְּמַן
נִנְעֲצוּ בָּהּ אֶצְבְּעוֹת הַנָּשִׁים
נְשָׂאוּהָ בְּקַלּוּת
נִשְׁפְּכָה עַל פְּנֵי הַמַּגָּשׁ
קְרִישַׁת סֻכָּר
שֶׁאֵינָהּ סוֹבֶלֶת אֶת אוֹתוֹת הַזַּעְתָּר

ונצואלה, קרקאס, 26.5.07, לילה

תרגום: חנה עמית כוכבי

כלת הזעתר [*3]

כַּלַּת הַבָּצֵק נִגְּשָׁה רִאשׁוֹנָה
עֲטוּרָה זַעְתָּר
בֵּין אֶצְבְּעוֹת הַיְלָדִים
הִתְפַּנְּקָה מְעַט, חָדְלָה
וְנִשְׁמָתָהּ יָצְאָה
עַל נְיַר הַמַּחְבָּרוֹת
כִּתְמֵי שֶׁמֶן.

כַּלַּת הַבָּצֵק נִגְּשָׁה רִאשׁוֹנָה
הֶאֱדִימָה
תָּפְחָה
מֵעֲצֵי הַסָּקָה בּוֹעֲרִים
סוֹבֵב אוֹתָהּ הָאוֹפֶה
הִתְפִּיחַ אוֹתָהּ
וְנִכְוָה
הִתְנַשְּׁמָה
עַל שְׁתֵּי יָדָיו כְּתָמִים אֲדֻמִּים.

3 * "כלת זעתר" – שם עממי לפיתה דקה המגולגלת בשמן ובזעתר

נקבה

קוֹרֵאת את דַּפֵּי הַהֵעָדְרוּת
חומקת מִצְּבָעַי
לַעֲלוֹת עַל הֶעָנָן
כְּלִי דַּפִּים
מְתוּרְגמִים
מִזָּהָב לְעָפָר
מֵרֶחֶם לְחֻרְבָּן
הָטִיבוּ לְגַדֵּר אֶת בָּתֵּי הַקְּבָרוֹת
לְבַל תִּנְגֹּס בִּי הָרוּחַ
הַשְׁאִירוּ דֶּלֶת פְּתוּחָה
לְזִכָּרוֹן
אֲסִירַת עָפָר
שֶׁאֵינוֹ נושא אֶת מַשְׁמָעוּתִי
נוֹטָה לְכֹּל
מִצִּבְעִי
הֶאָחֵז הֵיטֵב, הַקִּיר
הֶאָחֵז בְּטֶרֶם חַג הַשָּׁבוּעוֹת
הֶאָחֵז לִתְמֹךְ בַּנִּצָּחוֹן
הַזֶּה עַל הַגּוּף
וּבַשִּׁחְרוּר מֵרְבִידֵי הָאָבָק
ומצַוָּאר
שהוֹלֵךְ וְנִפְרָם

תרגום : חנה עמית-כוכבי

משמעות הקץ

בֵּין מְחוּגֵי הַמָּקוֹם
וְזָוִיּוֹת הַזְּמַן
נְפוֹצָה כְּעָשָׁן
סוֹד קִיּוּם הָאֵלִים בִּבְנֵי תְּמוּתָה
וְהִתְהַוּוּת עָפָר מֵעֵצִים.

נוֹגַעַת בְּמָהוּת הַדְּבַר
בְּמשמעות הַקֵּץ הַמִּתְמַשֵּׁךְ
מִשְׁתַּחְרֶרֶת מִן הרוּח הַמִּתְמוֹסֶסֶת בכוֹס
מִתְפַּזֶּרֶת בְּרַחֲבֵי הַנֶּצַח
חָכְמָה הַנִּבְצֶרֶת
מִן הַתְּפִיסָה וּמִן הַשָּׂפָה.

נִשֵּׂאת לָעֵטִים, חוֹגֶגֶת
עִם פְּסִיקִים וּמִלִּים, צֶאֱצָאֵי
הַמִּתְרַבִּים כַּחוֹל אַבְרָהָם.
הָעֲקֵדָה רוֹבֶצֶת
עַל גַּבִּי
כְּמוֹ חֲמוֹר, נוֹשֵׂאת
אֶת דִּבְרֵי הַיָּמִים
וּמֵתָה בגפִּי.

תרגום: פרופ' ששון סומך

תורשה

עסקנו בשֵׁמות כָּלִיל
שָׁכַחְנוּ שֶׁהַוְּרָדִים אֲדֻמִּים

לִמְדונוּ שֶׁהַשֵׁמות אֵינָם מֵתִים
אַךְ לֹא יָדַעְנוּ שֶׁאָנחנוּ הַשֵׁמות
מַתְנוּ
רַבּות חָוִינוּ מָוֶת
ואילו הַשֵׁמות לֹא מֵתוּ
וְעודֵנוּ
יורְשִׁים בְּרִית יְשָׁנָה
וְשֵׁמות שֶׁנֶהֶרְגוּ
ולא מתו
לְבַדָּם
נותְרוּ
חַיִּים בְּתוכֵנוּ
למען ייוולדו
מֵחָדָשׁ
בתוך יְלָדֵינוּ
שְׁמות הַמֵּתִים.

תרגום: פרופ' ששון סומך

מתגלָה

בְּמֶרְחָקַי אֲנִי מִתְגַּלָּה כְּעֵץ נוגֶה
הַצִּפֳּרִים אֵינָן שָׁרוֹת לי
נֶחֱרֶכֶת בָּרוּחַ
הצובעת אותי
בָּעֶרֶב וּבַקְּטֹרֶת
ימי חַיַּי נחים
ועֵצִים נִסְמָכִים עַל דָּמִי.

תרגום: חנה עמית כוכבי

הלילה

הַלַּיְלָה הִתְעַרְטֵל מֵהַדְרַת כְּבוֹדוֹ.
רוֹאָה אוֹתוֹ מְבֻיָּשׁ בָּרְחוֹבוֹת
מֵרִים אֶת יָדוֹ
מְכַסֶּה אֶת עֵינָיו
הַשֶּׁמֶשׁ חוֹשֶׂף אֶת שׁוֹקָיו.

הכסא

כִּסֵּא הָעֵץ
מְמַלֵּא אוֹתִי שִׂמְחָה
תָּמִיד מַקְשִׁיב
לְמַנְגִּינַת קְנֵי הַצִּפֳּרִים
מִשְׁתַּכֵּר
וּמְדַמֶּה
אֶת יַלְדוּתוֹ
בִּזְרוֹעוֹת הַצַּפְצָפָה

תרגום: פרופ׳ ששון סומך

124

הַמִּנְחָה

יְשֵׁנָה
כְּאִשָּׁה מְטֹרֶפֶת, שְׂמֵחָה
עַל הַמַּסּוּתִי שֶׁנּוֹעֲדָה
לְהַגְשָׁמָה עַצְמִית
בְּהֶעָדְרוּת עַצְמִי?
– הֵם צוֹפִים בְּהַלְוָיָתִי, מְכַחֲשִׁים בְּמַהוּתָם, מְכַחֲשִׁים בַּמָּוֶת, שָׁבִים אֶל הַיָּמִים
וְהַכֹּל נוֹתָר כְּשֶׁהָיָה
הַכֹּל אָבַד כְּשֶׁהָיָה
שׁוֹזֶרֶת הַלְוָיָתִי מִפְסִיעוֹת שׁוֹלֶפֶת אֶת חוּטֵי חַיַּי לוֹמֶדֶת אֶת הַיָּמִים
מַקְרִיבָה חַיִּים קְצָרִים לְטוֹבַת הַלְוָיָה אֲרֻכָּה
לְבַדִּי
חָשָׁה
כִּי אֵינֶנִּי חָשָׁה דָּבָר
לְבַדִּי עִם הַיַּיִן
הַמִּזְבֵּחַ מְכַסֵּנִי בַּאֲפֵלַת הַקֶּבֶר
מִתְעַלֶּמֶת מִן הַמָּוֶת
חוֹבֶקֶת אֶת עַצְמִי
מְקֻדֶּשֶׁת
בְּבֵצֶק קָרְבָּן
אֶשְׁכּוֹל יַיִן
רַק הַמָּוֶת נוֹתָר
נִגֶּשֶׁת אֵלָיו עִם הַיָּפֶה בַּחֲטָאִים
הוּא מְפַתֵּנִי אֲנִי מְפַתָּה אוֹתוֹ
מוֹת הָאֲחֵרִים טֶקֶס כּוֹוֶה אוֹתִי
מוֹתִי אֱמֶת רְאוּיָה רַק לְעֵינַי
חֵרוּתִי מִשְׂחָק אָבְדָנִי
גּוֹרָלִי חָתוּם

יְשֵׁנָה
שְׂמֵחָה
בְּהֶעָדְרוּת
לְבַדִּי
אֵינֶנִּי חָשָׁה
מְקֻדֶּשֶׁת
בְּבֵצֶק קָרְבָּן
הָרְגוּ אוֹתִי בְּיַיִן
אֶצְבְּעוֹת הַכֹּהֲנִים

מִקְרִיּוּת הַמִּפְגָּשׁ עִם הַמָּוֶת עֹנֶג
שֶׁאֵין בּוֹ כָּבוֹד לִתְחוּשַׁת הַדְּבָרִים
לֹא שִׂמְחָה לֹא עֶצֶב לֹא אֲנָחָה
שְׁלֵמוּת שֶׁמְּגַלֵּם הַבִּטּוּל
הֶעָדְרוּת הַמַּעֲנִיקָה לַחַיִּים מַשְׁמָעוּת

בשם האהבה

הָאַהֲבָה רָצְחָה אוֹתְךָ
כְּמוֹ שֶׁפַּת הַלֶּחֶם רָצְחָה אוֹתְךָ
כְּמוֹ שֶׁאָחִיךָ רָצַח אוֹתְךָ
כְּמוֹ שֶׁהָרֶצַח רָצַח אוֹתְךָ
כְּמוֹ שֶׁהַזְּמַן רָצַח אוֹתְךָ
גַּם הַמָּקוֹם רָצַח אוֹתְךָ
אַתָּה שֶׁנּוֹלַדְתָּ אֶל תּוֹךְ הַקֹּדֶשׁ
הַלֵּדָה רָצְחָה אוֹתְךָ

עירום גזרי האח

וְנִשַּׁבֵר
לִכְדֵי סְעוּדָה אֶל תּוֹךְ הַלַּיְלָה
והלילה ער עִם הַחֲשֵׁכָה
מְפוֹרֶר אֶת הָאָרֶץ
זוּגוֹת לַהֲלָכָה, שַׁיָּרוֹת לְמַרְאוֹת
וּמַפּוֹת בְּתוֹךְ שְׁלוּלִית מִתְאַבְּדוֹת

תרגום: נעים עריידי

ענבי תעייה

בְּיַלְדוּתֵנוּ הָיִינוּ מְאִירִים
אֶת גּוּף הַנָּשִׁים בְּמַרְאוֹת
וְהִנֵּה עַכְשָׁיו אֲנַחְנוּ מְכַבִּים

וְנָשִׁים יְחַפְּשׂוּ בְּךָ נָשִׁים
הַלַּיְלָה
אַל תַּכְבִּיד עָלֵינוּ
נְחַפֵּשׂ בְּךָ
אַל תצמצם
הִשָּׁאֵר כְּפִי שֶׁאַתָּה
שנהיה בְּךָ שלמים
הָאֵל הַהוֹלֵךְ וְנִשְׁבָּר.

בעִנְבֵי הַתְּעִיָּה
נְחַפֵּשׂ עֲנָבִים
וּבְךָ, הָאֵל
נְחַפֵּשׂ כַּעַס
וּבְתוֹךְ הַיָּם נְחַפֵּשׂ שַׁיָּרָה
נְחַפֵּשׂ בַּמָּוֶת מָוֶת,
נְחַפֵּשׂ בְּךָ לִקְצֹר תְּבוּאָה

כָּל הֶעָפָר הַזֶּה שֶׁאָנוּ לָשִׂים
בְּרַגְלַיִם יְגֵעוֹת
כֻּלּוֹ, כֻּלּוֹ
גּוּפִי
וּבְאגן הַטְּבִילָה גְּבִירָה
אִם יוֹם אֶחָד תיפול
הָאֲדָמָה תרים אותה
וצועניה היא
האדמה.

20.7.95

תרגום: חנה עמית כוכבי

כָּל דָּבָר פּוֹצֵעַ אוֹתִי
אֲוִיר כלשהו, מַיִם כלשהם
כְּנָפַי מַטֵּה רוּחַ
וְהָרוּחַ רוֹדֶפֶת אוֹתִי
אוֹכֶלֶת צִידֵי הַקְּבָרִים
וְהַזְּמַן לבדו, נשרף
וּמֵעַל לֶעָשָׁן, נשארת
אִשָּׁה נמוגה
מטביעה שְׂפָתֶיהָ בַּמַּרְאָה
והמראה רעבה לנשיקה
קוֹרֵאת בְּסֵפֶר הַצָּהֲלָה
ומותירה במצחה חותם
אניס נעדר

מְטַפֶּסֶת עַל עֲנָנָה בְּתוּלָה
תּוֹלֶשֶׁת עוצמה מִן הַשֶּׁמֶשׁ
נועלת נַעֲנַע
אוחזת פִּגְיוֹן
שאינו מוכתם
אם נתלות בו
חצאיות הציפורים

צועני‏יה היא האדמה

כָּל הֶעָפָר הַזֶּה שֶׁאָנחנוּ
לָשִׂים בְּרַגְלים יגעות
כֻּלּוֹ, כֻּלּוֹ
גּוּפִי
נִכְנָס בָּעֲנָנָה מִתְרַחֵץ
נִכְנָס בַּשֵּׁנָה ולא ישן
נִכְנָס לגלימת הרקיע
נעטף בה לְבַדּוֹ

הֶעָפָר שֶׁהָיָה וְשֶׁעָתִיד לָבוֹא
מִתְחַבֵּק כֻּלּוֹ
גּוּפִי
וְכֻלִּי עָפָר
מצטלבת עַל אם הַדֶּרֶךְ
שָׁבָה אֶל כְּאֵבִי
מְשַׁבַּחַת באומרי: אין לי אֵל
מִלְּבַדי, בְּעוֹרִי הֶעַתִּיק
מֵאָז הַפִּילוֹסוֹפְיָה הַקְּדוּמָה
לֹא עָלָה בְּיָדִי להכיל
את סבלי
וְאַף לֹא לָצֵאת
מֵעדן אל הַשִּׁגָּעוֹן

ספירָלָה של סוף

בֵּין הַכָּרִית
לגוּף הֶעָקָר
אִגֶּרֶת מְסַכֶּמֶת
אֶת טִקְסֵי הַפֻּלְחָן
מְנִיפָה אֶת הַסְּדִינִים
וְהַקַּרְסֻלַּיִם
וְנוֹדֵף
נִיחוֹחַ גְּבָרִים
בְּרַחֲבֵי
הַהֵיכָלוֹת
הַנִּיחוֹחַ מְשַׁלֵּחַ
בַּמִּתְפַּלְּלִים
אֱמוּנוֹת
מְשַׁלְהָבוֹת
וַאֲמָנוֹת
מוּפָרוֹת
וְהַמְּפַקֵּד
מִתְמַקֵּחַ
אַדְמָתֵנוּ לָנוּ
וְגוּף הָאֲדָמָה לָנוּ
וּמַעֲמַקֵּי הָאֲדָמָה
לָנוּ וְשִׂפְתֵי
הָאֲדָמָה וְהַפְּרִי

אֶת תַּרְבּוּתֵנוּ
אִגֶּרֶת מְסַכֶּמֶת
לגוּף הֶעָקָר
בֵּין הַכָּרִית
נְפִילָה
מְאִיצִים
אֶת שִׁטְחֵנוּ
וְאָנוּ מְחַסְּרִים
נִיחוֹחַ
מְדַבֵּר אֵלֵינוּ
לגוּף הֶעָקָר
בֵּין הַכָּרִית
וְהַמְּלוּכָה
וְהַצַּיְּתָנוּת
וְהַנְּשִׁיקָה
לְכִוּוּן הַתְּפִלָּה
מִלְּבַד הַהִשְׁתַּחֲווּת
בְּטִקְסֵי הַפֻּלְחָן

וְאֵין לָנוּ דָּבָר....

נִשָּׂאִים לַזַּעַם
מְחַבְּקִים אֶת הַטֶּבַע
מַמְטִירִים בְּעוֹנַת הַחֲתֻנּוֹת
בְּשַׂר צְבָאִים
הַמַּבְרִיחַ אֶת הַמֶּרְחָב שֶׁבֵּין שׁוֹקֵי הָאֲדָמָה
וְאוֹנֵס אֶת הַזְּמַן

* * *

הֵם מְצָרְפִים אֶת רְסִיסֵינוּ לְמַחֲרוֹזוֹת תְּפִלָּה
המנדנדות בְּשַׁעֲרֵי הַהֵיכָלוֹת
מְנַפְנְפוֹת אֶת הָרוּחַ
מְגַמְגְּמוֹת אֶת תְּחִיַּת הַמָּשִׁיחַ
נוֹגְסוֹת בָּאֱמוּנָה
וְנִצֵּי בְּשָׂרֵנוּ
מַסְכִּינִים אֶל שַׁקְנָאֵי הַכְּאֵב
טוֹרְפִים אֶת הַזְּמַן

שִׁבְעַת הַזְּמַנִּים

הַיָּם נִשְׁפָּךְ אֶל הַמַּכְתֵּשׁ
מֵצִיף אֶת קַעֲרַת הַשָּׁמַיִם
מַשְׁעִינָהּ עַל קְצֵה הָאֹפֶק
מוֹצֵא מִפְלָט בַּשֵּׁנָה
בֵּין קִימוּרֵי הַשָּׁדַיִם

* * *

אֲנָקָה, וְהַצִּפֳּרִים הַשָּׁבוֹת
נִרְעָדוֹת וּמִתְאַבְּדוֹת
בְּקִנֵּיהֶן הַנְּתוּנִים בְּמָצוֹר

* * *

גַּרְגְּרֵי זוֹן[2*] מִתְגַּלְגְּלִים מֵחֵיק
הַנִּכְנָע לְקֶצֶף הַזְּמַן

* * *

הַגַּרְדּוֹמִים מִתְרוֹפְפִים לְאִטָּם
הַמָּוֶת בָּא עָלֵינוּ כְּנַסְיוּב
בְּמָנוֹת רְצוּפוֹת
בְּרֶצֶף מְקֻטָּע
חֲסִינוּתֵנוּ עוֹד מְטַפְטֶפֶת זְמַן

* * *

---

2 * זון – צמח בר שגרגריו משמשים להאכלת בהמות

הבשורה על פי הכעס

פָּרָשַׁת הַפְּתִיחָה

הֵם עֵרִים בְּעֵת תְּנוּמָתִי
וַאֲנִי נוֹסַעַת בְּלֵילָם הָאָרֹךְ
אֶל עַצְמִי

בְּשֵׁם אַלְלָה
גִּיגִית הַמְּדִינָה עוֹגֶנֶת
בְּמַפּוֹת הַזְּמַן
מְגַלָּה אֶת הֶעָתִיד לָבוֹא
הַחֳדָשִׁים מִסְתַּעֲרִים עַל תַּאֲוָתֵנוּ
דָּמֵנוּ הוֹלֵךְ בִּרְחוֹבוֹת הַטֵּרוּף
רַעֲבוֹנֵנוּ עָט עַל קֹדֶשׁ הָאֶפְשָׁרִי
לְבּוֹתֵינוּ נוֹגְסִים בַּשִּׁגָּעוֹן
עוֹלִים עַל שֵׁד הַנֶּצַח
בְּלֵילֵנוּ
נְשִׁימוֹת חֲטוּפוֹת
חֲתֻנָּה לְבָנָה
הַלְמוּת תֻּפִּים וְכִתְמֵי דָּם
עַל כְּתֹנֶת הָאֹפֶק

תחנה

אֶעֱמֹד בַּתַּחֲנוֹת
אֶרְדֹּף אֶת רַעֲבוֹנִי
יָדַי יַעַר בְּלִי חִטָּה
בְּלִי לֶחֶם
שׁוֹקַי דְּקָלִים, הַגָּלוּת אוֹכֶלֶת פֵּרְיָם
חָזִי יָם מָלֵא דָּגִים מְזֵי רָעָב
מִצְחִי שָׂדֶה לַסֵּבֶל
צָדִים אוֹתִי

אֵין יַעַר אֵין מִדְבָּר אֵין יָם אֵין שָׂדֶה
זוֹהִי מוֹלַדְתִּי בְּעִדַּן הַבְּרִית הַחֲדָשָׁה

תרגום: חנה עמית כוכבי

מרד

מוֹרֶדֶת לְמְחֹק
מַפּוֹת הַחוֹמְקוֹת
מִבֵּין אֶצְבְּעוֹתָיו
מוֹרֶדֶת בְּכַפּוֹת יָדָיו
מַכְנִיעַ אוֹתִי
מכריז עלי חֵטְא וְאָבָק
מוֹרֶדֶת
בעורי באוויר ובמימיי
שוברת מִרְדִּי
סוֹגֶדֶת
לחירות שֶׁקָּרָאתִי לה
שִׁיר.

תרגום: חנה עמית כוכבי

עַל מַה שֶּׁאוֹמְרִים לְהַסְכִּים עִם מַה שֶּׁמַּסְכִּימִים לְסָרֵב
לְמַה שֶּׁמְּסָרְבִים לֶאֱכֹל מַה שֶּׁאוֹכְלִים לִחְיוֹת
כְּמוֹ שֶׁחַיִּים
וְכָךְ

תַּם זְמַנּוֹ וְהוּא שָׁכַח
אֶת הַתַּחֲזִית וְגַם אֲנִי
שָׁכַחְתִּי לוֹמַר לוֹ שֶׁכָּאן
מִדֵּי יוֹם בְּיוֹמוֹ
אֲנָשִׁים מתים.
28.4.07

תרגום: חנה עמית כוכבי

זמננו תם

זֶה יותר מִשְּׁלוֹשִׁים שָׁנָה בְּכָל מַהֲדוּרַת חֲדָשׁוֹת
בָּא הַשַּׁדְּרָן תָּמִיד בְּאוֹתָהּ שָׁעָה אֶל אוֹתוֹ מָסָךְ
וּמְסַפֵּר לִי מַה קָּרָה מַה אָמְרוּ מַה
עָשׂוּ לְמַה הִתְכַּוְּנוּ וְאוֹמֵר
שֶׁזֶּה כָּל מַה שֶּׁהֵם
יוֹדְעִים הֵם לֹא
יוֹדְעִים יוֹתֵר וּמְסַיֵּם בַּתַּחֲזִית
יָבֵשׁ מְעֻנָּן חַם סוֹעֵר

זֶה יותר מִשְּׁלוֹשִׁים שָׁנָה בְּכָל מַהֲדוּרַת חֲדָשׁוֹת
אֲנִי בָּאָה תָּמִיד בְּאוֹתָהּ שָׁעָה אֶל אוֹתוֹ מָסָךְ
וּמוֹדִיעָה לַשַּׁדְּרָן שֶׁאֵינֶנִּי רוֹצָה
לִרְאוֹת מַה שֶּׁאֲנִי רוֹאָה אֵינֶנִּי רוֹצָה
לִשְׁמֹעַ מַה שֶּׁאֲנִי שׁוֹמַעַת
וְלֹא לָדַעַת מַה קָּרָה מַה אָמְרוּ מַה
עָשׂוּ לְמַה הִתְכַּוְּנוּ וְלֹא אִכְפַּת לִי
מֵהַתַּחֲזִית

הַיּוֹם בָּא הַשַּׁדְּרָן כְּמוֹ תָּמִיד בְּאוֹתָהּ שָׁעָה אֶל אוֹתוֹ מָסָךְ
וְסִפֵּר לִי
שֶׁהוּא בָּא כָּל יוֹם זֶה יותר מִשְּׁלוֹשִׁים שָׁנָה
לוֹמַר לִי לִשְׁכֹּחַ אֶת יוֹם אֶתְמוֹל כִּי עָבַר
צָרִיךְ לִלְמֹד לִשְׁכֹּחַ הוּא אָמַר וְרַק דָּבָר
אֶחָד עָלַי לִזְכֹּר כָּמוֹהוּ בְּדִיּוּק לַחֲזֹר

פעימות לִבה של האש

בַּוְּרִידִים פְּעִימוֹת לֵב אִטִּיּוֹת
בָּרְחוֹבוֹת פְּעִימוֹת לֵב סוֹדִיּוֹת
בַּחֲצֵרוֹת רִיקוּד עִם סוֹעֵר
בָּעוֹר פְּעִימוֹת לֵב קָרוֹת
בָּעַיִן פְּעִימוֹת לֵב בּוֹעֲרוֹת
בַּתְּשׁוּקָה פְּעִימוֹת לֵב מָרוֹת
בְּגוּף הַנְּעוּרִים פְּעִימוֹת לֵב
בִּפְעִימוֹת הַלֵּב אֵשׁ
הַלּוֹמֶדֶת מָחוֹל אַחֲרוֹן

תרגום: חנה עמית כוכבי

מִלמול

עַד גְבוּלוֹת הַמִּלָּה
גֶּדֶר תַּיִל אֲרֻכָּה
לְיַד גְבוּלוֹת הַפֶּצַע
צוֹמַחַת תִּקְוָה
מִתְלוֹנֶנֶת
גּוֹנַחַת
מִשְׁתַּתֶּקֶת
לְצָהֳלַת הָרוֹבִים.

תרגום: חנה עמית כוכבי

הֲרֹס אֶת הָאַגָּדוֹת וְאֶת הַדָּתוֹת
אֵינְךָ לְבַד
בָּאָבְדָן
בקצֵה הַזְּמַן
הַבְּרִית הַיְשָׁנָה מֵתָה
כְּצִפּוֹר שְׁחוּטָה וגם
אָנוּ, בקְצֵה הַבַּיִת
מַתְנוּ

20.02.04, בי"ח נהריה

רֵד מֵהָאַגָּדוֹת
חַלְחֵל בָּאָרֶץ
הַמָּקוֹם יַסְגִּיר לְךָ
אֶת גְּבוּלוֹת מְקוֹמְךָ.

טְבוּעָה בְּאָדָם
עֲזֹב אוֹתָהּ
נַפְנֵף בִּסְדִינֶיךָ
הוֹלֵד אֶת צֶאֱצָאֶיךָ
בְּעֵת הַמָּצוֹר
עַל סַף חַלּוֹן
יִתְעַמְּתוּ עִם אֱלֹהִים
צֶאֱצָאֶיךָ.

קוּם קַח אֶת צָהֳלָתְךָ
לֵךְ לְךָ לְבַדְּךָ
טַהֵר אֶת הַמִּלִּים מִלְּחְשׁוּשִׁים
רדוף אֶת נְשִׁימָתְךָ
כְּכָל שֶׁתִּתְקַדֵּם
הוֹסֵף צֶבַע
עַרְבֵּב אֶת הַצְּבָעִים
בַּגּוּף שֶׁיָּמוּת
כְּכָל שֶׁיִּתְקַדֵּם.

כציפור שחוטה

כְּצִפּוֹר שְׁחוּטָה
בִקְצֵה הַזְּמַן
הַמָּוֶת הִכָּה בָּנוּ קָשׁוֹת
מָחַקְנוּ אֶת תָּוֵי פָּנֵינוּ הַקְּדוּמִים
הִתְגַּלְּתָה לָנוּ אַגָּדָה
עֵירֻמָּה מִמָּקוֹם.

קוּם בְּנִי קַח אֶת סוּסֶיךָ
הִזְדַּקֵּף
בִקְצֵה הַכְּאֵב
טְחַן אֶת עַצְמְךָ
שֶׁתְּעַרְבֵּל אוֹתְךָ אִשָּׁה
הַמַּצִּיתָה אֶת תַּנּוּרָהּ
מַשְׂבִּיעָה אֶת רְעָבָהּ.

קוּם בְּנִי קַח אֶת עַצְמְךָ
לֵךְ אֶל לַחְמְךָ
עַד קְצֵה הַשֶּׁמֶן
חַיִּים וּמָוֶת
כְּמוֹ מַיִם
מְסַגְּלִים אוֹתְךָ לָשֵׂאת אֶת הָאֵשׁ.

נְשׁוֹתֵיהֶם עָיְפוֹת מִן הַכֵּלִים
עוֹזְבוֹת אֶת גּוּפָן
הַנָּשִׁים
כִּנְחֹשֶׁת מְהַדְהֵדוֹת
כְּמֵהוֹת לְלֹבֶן.
נְשׁוֹתֵיהֶם
רִמּוֹן נוֹטֵף
אֹדֶם דִּמְדּוּמִים עַל סְדִין הָעֲרָפֶל.

תרגום: דליה אלטורי

זחילת הנמלים

הַחֲדָרִים מוֹלִידִים אוֹתָם
בְּצֶבַע אָחִיד
הֵם זוֹחֲלִים בַּדְּרָכִים
נִצְבָּעִים בְּשֵׁמוֹת
וְחוֹזְרִים
אֵינָם דּוֹמִים לְאַף אֶחָד.

בָּתֵּיהֶם מְפַהֲקִים
פּוֹלְטִים אֶת נְשִׁימָתָם
וְהֵם יוֹצְאִים אֶל הַלֶּחֶם.

שׁוּב חוֹזְרִים
צִבְעֵיהֶם רַבִּים
צָבְעוּ אוֹתָם עֵינֵי הָאֲנָשִׁים
קִנְאָה וּבִרְבּוּרִים.

אֶרֶץ הַמִּתְפַּתָּה
לִזְחִילַת נְמָלִים
מְלַמֶּדֶת אֶת יוֹשְׁבֶיהָ
אֶת סוֹד הַזְּחִילָה.
הֵם עוֹזְבִים אֶת גּוּפָהּ
כְּרוּחוֹת רְפָאִים
בְעִקְבוֹת שְׁמוֹתֵיהֶם
הוֹלְכִים חוֹלְמִים.

וֶרֶד שֶׁנִּיחוֹחוֹ נִקְרַשׁ
וְצִבְעוֹ זָב שָׁחוּט כְּנָהָר
בְּצַוַּאר הַנַּעַר
וְעַל אוֹתוֹ צַוָּאר
נָהָר רוֹחֵץ בְּצָמָא
מִתְפַּתֵּל מִן הַשְּׁחִיטָה
טוֹמֵן אֶת אֲפִיקוֹ
מִזַּעַם הֶעָנָן
הָאֲדָמָה הַמְטִירָה אוֹתָנוּ עַל הָאָרֶץ
וְרָדִים מְכֻנָּפִים
נִשְׁבְּרָה כְּנַף הַצֶּבַע
נֶעֱטַפְנוּ שְׁחֹרִים

נִשְׁבְּרָה כְּנַף הַקּוֹל
צָרַחְנוּ
נִשְׁבְּרָה הַנֶּפֶשׁ
נִשְׁבַּרְנוּ

הַלְוָיוֹתֵינוּ חָלְפוּ נוֹשְׂאוֹת אֲרוֹנוֹת
וּכְנַף הַיּוֹם הִסְתַּגְּרָה
הִתְאַזְּרָה וְהִתְאַבְּדָה
הָאֲדָמָה הַמְטִירָה אוֹתָנוּ וְרָדִים
יָרַדְנוּ אֶל הַצִּמָּאוֹן
נֶחְנַקְנוּ מִשֶּׁפַע אֲנָשִׁים

תרגום: חנה עמית כוכבי

האדמה הַמטירה אותנו על הארץ

הָאֲדָמָה הַמְטִירָה אוֹתָנוּ עַל הָאָרֶץ
וְרָדִים מְכֻנָּפִים
אִם תַּבִּיט תִּרְאֶה
כָּל הָאָרֶץ וְרָדִים עוֹמְדִים
מְקוֹנְנִים עָפָר

רִפְרוּף צִפּוֹר שְׁחוּטָה
כָּנָף מְרוּטָה
רוּחַ אֲבֵלָה
חַיִּים פְּזוּרִים
שְׁחוּטִים בְּלַהַב הַמַּחְתָּה

הָאָרֶץ מְרַפְרֶפֶת כְּנָפֶיהָ שְׁמוּטוֹת
מַחֲנֶה הָרוּס
פֶּרֶק קָטוּעַ
פֶּלֶג זָרוּעַ בְּבָתֵּי קְבָרוֹת

אִם תַּבִּיט תִּרְאֶה
וֶרֶד נוֹעֵץ חוֹחָיו בֶּעָפָר
מִתְנַעֵר מִן הַשָּׁחֹר
בְּצָרְחַת עוֹרֵב

מַדקרות

הַפָּר לְעוֹלָה
מִתְמַרֵד נֶגְדִּי
אֲנִי מְחַפֶּשֶׂת
בַּמַּפּוֹת אֶת סְפָרַד
מְחַפֶּשֶׂת בַּגּוּף מִטְפַּחַת אֲדֻמָּה
מְחַפֶּשֶׂת בַּיָּמִים כַּעַס
העולה עַל גַּבְּךָ עַד בֵּית לֶחֶם
מַתִּיר תַּכְרִיכֵי בְּתוּלוֹת
* * *

אני מתמרדת
קוֹטֶפֶת מִמְּךָ לַיְלָה
צוֹנֵחַ בתוֹכִי
דקירות
תָּאֵי גוּפִי מכתימות אוֹתְךָ
אָדֹם, כורכת אוֹתְךָ למתְנַי
וְרוֹקֶדֶת עַד קצה
תְּשׁוּקוֹתַי
* * *

הכֹּתֶל בּוֹכֶה
עַל צִלּוֹ הַצּוֹנֵחַ
בְּזִירַת הַמָּחוֹל שֶׁלִּי
אֲנִי מְחַפֶּשֶׂת בּוֹ
מַפּוֹת
נהפֶכֶת למַחתָה.

תרגום: חנה עמית כוכבי

ערבה

לֵילוֹת הַר זה
דּוֹלְפִים עָנָן שׁוֹפֵעַ
הַטֶּבַע נִגְלֶה לְעֵין-כֹּל
בּוֹהֵק, בָּעֵינַיִם
הַדֶּרֶךְ נִשְׁכֶּבֶת
מְגַעְגּוּעַ
בהיפתח הַחֵיק במלואו
אנחנו נופלים

תרגום: פרופ' ששון סומך

אינני יודעת

מֵאָז שֶׁנּוֹלַדְתִּי אֲנִי פּוֹנָה בִּדְבָרִים אֶל הַשָּׁמַיִם
וְאֵינֶנִּי יוֹדַעַת אֵיךְ אֲנִי נִצֶּתֶת
מִשְּׂפָתַיִם סוֹמָלִיּוֹת
אֵינֶנִּי יוֹדַעַת כֵּיצַד נֶחֱנָק הַזְּמַן
בְּשֶׁל פֶּצַע בִּרְאוֹתִי
מֵאָז שֶׁנִּשְׂרַפְתִּי אֲנִי פּוֹנָה בִּדְבָרִים אֶל הַשֵּׁדִים
וְאֵינֶנִּי יוֹדַעַת אֵיךְ נוֹלַד בִּי הַמֶּרֶד
אֵינֶנִּי יוֹדַעַת אֵיךְ מוֹרַד בִּי הַמָּוֶת
מֵאָז שֶׁנּוֹלַדְתִּי אֲנִי פּוֹנָה בִּדְבָרִים אֶל הָאַהֲבָה
וְאֵינֶנִּי יוֹדַעַת אֵיךְ נִמְלֶטֶת
הָאָרֶץ מִצַּוָּארֵנוּ
גַּם אֵינֶנִּי יוֹדַעַת אֵיךְ
מִסְפֵּד הַשַּׁלִּיטִים מוֹלִיד אֶרֶץ לְמַעֲנֵנוּ
אֲנִי פּוֹנָה בִּדְבָרִים אֶל קְצוֹת הַשְּׂפָתַיִם
וְאֵינֶנִּי יוֹדַעַת אֵיךְ
נִגְמָרִים שָׁם גְּבוּלוֹת אַרְצִי.

תרגום: חנה עמית כוכבי

מפת הבערה

נחל צל

מָאַסְתִּי בְּךָ נַחַל
בִּדְמָמָה כזו
בְּסַבְלָנוּת
מַקְשִׁיב לְעִלְּגוּת הַקּוֹל
כמו היית נָם.
מָאַסְתִּי בְּךָ, צֵא מִמֶּנִּי
וְאֶפּוֹל מֵעַל גַּרְדּוֹם הַצֵּל

תרגום: חנה עמית כוכבי

כָּךְ

כְּשֶׁאַתָּה נִרְדָּם
אֲנִי מַשְׁמִיעָה בְּאָזְנֶיךָ אֶת רַחֲשֵׁי הָעֶרֶב
אַתָּה מַשְׁמִיעַ בְּאָזְנַי אֶת יְבָבַת הַשָּׁמַיִם
נשוט בִּסְפִינַת הַקִּיטוֹר שֶׁל הַשִּׁכָּרוֹן
נִמַּס יַחַד בִּשְׁנַיִם
הַצָּעִיף נוֹשֵׁר מֵעַל חָזִי
וַאֲנִי
צוֹנַחַת אֶל כּוֹסךָ
קֶרֶן אוֹר שְׁבוּרָה
הַיָּם צָמֵא
אָנוּ מוֹזְגִים לוֹ גַּלִּים
והוּא שִׁכּוֹר.
מִתְפַּשֵּׁט מִמֵּימָיו
כָּךְ אָנוּ
מְכַבִּים שְׁנֵי לֵילוֹת
בְּתוֹךְ הַבָּרָק
יָם
נוֹלָד מֵאֶצְבְּעוֹתֵינוּ
וְבְעִקְבוֹתָיו עוֹד יָם.

תרגום: חנה עמית-כוכבי

חמניות

אַתֶּם הַשִּׁירִים הַקְּמֵלִים בְּמֵרוֹץ הַשֶּׁמֶשׁ
סַגְּלוּ לָכֶם אֶת עֶרְגָּתִי וְסִמְכוּנִי
אַתֶּם הַנֶּחְשָׁפִים בִּשְׂדוֹת הַלַּיְלָה
בַּחֲנוּ אֶת רִגְשׁוֹתַי וַהֲקִיצוּנִי
אַתֶּם הַמְּזַמְּרִים בְּמֵיתָרִים
הֲתִשּׁוּנִי עַד אֶזְלֹג מֵעֲנָבָי

תרגום: חנה עמית כוכבי

געגועים

הַמַּנְגִּינָה נבלמת בְּפֶתַח הַבַּיִת הָעַתִּיק
מורֶדת ביכולתי לָשֵׂאת
הַגַּעֲגוּעַ סוֹחֵף אֶת הדרך
זוֹרֵעַ אוֹתִי בַּבָּנִים שֶׁלִּי.

תרגום: פרופ' ששון סומך

סודי

הִתְרַחֵק מִדִּמְעוֹתַי
חַפֵּשׂ בַּחֲלוֹם
חַיִּים שֶׁחָמְקוּ בִּדְיוֹ סוֹדִית

הִתְרַחֵק מֵהַמַּבּוּל
פְּרֹשׂ תְּפִלָּתְךָ
עָלַי
הִתְרַסֵּק
כְּתֹב אֶת קוֹרוֹת חַיֶּיךָ
בְּהֵיכָל
שְׁתֵּי דְּלָתוֹת לוֹ
נְעַל אוֹתוֹ כָּמַיִם
עֲבֹר בַּדֶּלֶת מסתור.

תרגום: פרופ' ששון סומך

חלון מזרחי

חַלּוֹן קָטָן מְשֻׁבָּץ לְחִישׁוֹת
מַלְשִׁין עָלֶיךָ בְּאָזְנֵי הַחֲשֵׁכָה
מְבַקֵּשׁ
הִתִּירוּ אֶת דָּמְךָ
הֵכִינוּ לְךָ אִשָּׁה חֲרוּכָה
מִתְעַנֶּגֶת עַל מַכְאוֹבֵי הָרוּחַ
פּוֹרֶצֶת שְׁעָרֶיהָ וְנוֹגֶסֶת
בַּמֶּרְחָב

תרגום: חנה עמית כוכבי

טקס הלילה

גּוֹנֵב פִּסָּה מִלֵּילִי מַשְׁלִיכָהּ בְּחֵיקִי
וּמִתְעַסֵּק בִּי יוֹמָם וָלַיְלָה.
בְּטֶרֶם יִקְרָא הַתַּרְנְגוֹל[1] עוֹלִים קוֹלוֹת מִן הַצְּרִיחִים
מְנִיקִים אֶת כִּפַּת הַשָּׁמַיִם
פֶּטְרוֹס בּוֹכֶה מַכְחִישׁ בְּדִמְעוֹ
אֶת הַבְּגִידָה
בּוֹנֶה כְּנֵסִיָּתוֹ בְּחֵיק הָאֲדָמָה
וְנוֹשֵׂא אֶת מַפְתֵּחַ הַקֵּץ
* *

חֲזוֹן תַּעְתּוּעִים יוֹנֵק מִמֶּנִּי
זוֹעֵק אֶת פִּשְׁרִי
* *

חֵיקְךָ כְּבָרָה מִמֶּנָּה
צוֹנַחַת שִׁבָּלְתִּי גַּרְיסֵי חִטָּה
שִׁבֳּלֵי הַמַּיִם נִגְרָסוֹת
וּמוּבֶסֶת הַשִּׁכְחָה
חוּד הַתַּעַר נָהָר
שֶׁאֲנִי לוֹמֶדֶת
נֶגֶד הַזֶּרֶם

תרגום: חנה עמית כוכבי

---

1 בטרם יקרא התרנגול – אִזכור לדבריו של ישו אל פטרוס טרם הסגרתו בידי הרומאים: "אמן

מְבִיאָה חֹפֶן יַיִן
מַלְאָה
אֶת יְקִיצַת גַּבְרִיּוּתוֹ
* *

טוֹמֶנֶת אוֹתוֹ מַחֲמִיץ
חוֹתֶכֶת אֶת בְּצֵקָה מִתְפַּשֵּׁט
רֵיחַ עֲצֵי הַסָּקָה לַחִים
אֲרֻבָּה מְסַפֶּרֶת לַשְּׁכֵנִים
הַחֹרֶף שֶׁלָּהֶם חֲפִיסוֹת עָשָׁן
עַל שִׂפְתֵי הָרְחוֹבוֹת נִשְׂרָפוֹת
* *

אֵשֶׁת הַבּוּרְגּוּל, הֶעָשָׁן וַעֲצֵי הַהַסָּקָה
בְּחֵיקֵךְ גּוֹרֶסֶת וְשׂוֹרֶפֶת
סֻכָּתֵךְ בֵּית הַלֶּהָבָה
מִתְמַכֶּרֶת לְדִבְרֵי גִּנּוּי
שׁוֹלֶטֶת בַּשָּׂפוֹת כֻּלָּן לְבַד מִשְּׂפַת הָעֲנָבִים.

טקסים

טקס האישה

חַלּוֹנִי קוֹרֵעַ אֶת הַלַּיְלָה
מִתְגַּנֵּב אֶל מַעֲמַקַּי
מוֹתֵחַ אֶת עוֹרְקַי
אֶל גַּג חָשׂוּף
טוֹרֵד אֶת הַנִּמְנוּמִים

* *

מַכְתֵּשׁ מַכֶּה בְּעֵירֹם הַגֹּרֶן
מְפַצְפֵּץ אֶת רַעֲבוֹנִי
וּמוֹשֵׁחַ אֶת פְּנֵי הַחִטָּה

* *

הַמִּזְרָח מַטְבִּיל אוֹתִי אִשָּׁה
בָּאֲפֵלָה הָאֲדֻמָּה נִצֶּתֶת
נַרְגִּילָה נִשְׁעֶנֶת עַל יָרֵךְ
וּפַרְסָה מְחַזֶּקֶת אֶת הַהֵד
בְּסִמְטְאוֹת הָאֹפֶק

* *

קוֹרֵאת לָרְחוֹב בְּלִי מְבוּכָה
מְכִינָה אֶת חָזָהּ
כְּצֶמֶד גֶּחָלִים
כּוֹוֶה אֶת צִנַּת זִקְנָתוֹ

ורחובה נרגע

כְּשֶׁהָיְתָה חוֹלֶפֶת
הָרְחוֹב הָיָה
מוֹחֵא כַּף בֵּין שׁוֹקֶיהָ
בְּצִלָּהּ הָיָה הָאָבָק נֶעֱלַם
וְהָיִיתִי רוֹקֶדֶת

כְּשֶׁהָיְתָה עוֹבֶרֶת
מְאִירָה אוֹתִי
וְאֶת צִלִּי מְכַבָּה
הָיִיתִי נִצֶּתֶת

רְחוֹבָהּ נִרְגַּע
נִמְלָא שְׁחוֹר וְהִיא
הָלְכָה
הָאָבָק שֶׁלָּהּ
צרב בְּעַפְעַפַּי
על אף הַסּוּפָה
עִקְבוֹת רַגְלֶיהָ
עוֹד טְבוּעוֹת בֶּעָפָר
זוֹרוֹת בִּי אֵפֶר
וְחרף הַכְּפוֹר עוֹדְנִי
נִשְׂרֶפֶת בֵּין אֶצְבְּעוֹתֶיהָ
וְכָבָה בֵּין צְעָדֶיהָ

תרגום: חנה עמית כוכבי

הנטילה

יַרְכֵי הַתְּפִלָּה
מוֹחֲאוֹת כַּף לִנְטִילַת קָרְבָּן
בְּטֶרֶם יִתֹּם הַטֶּקֶס
הַכֹּהֵן מִתְכּוֹפֵף
וְנוֹתָר
רוֹךְ הַנֵּרוֹת וְעִרְסוּל הַמַּחְתָּה
דְּבִיקוּת רְוּוּיָה
בְּגוּף הַנְּטִילָה

תרגום: שמואל רגולנט - עפרה בנג'ו

אַל תְּכוֹפֵף עוֹד עֵץ הָאֹפֶל
אַל תְּלֹשׁ אִשִּׁי בִּבְצֵקִי
אַל תְּגָרֵנִי בְּשִׂמְחָה מְנַחַלְךָ
אַל תִּתְנַכֵּר לְצַעֲרִי
לְעוֹלָם לֹא תֵּדַע פִּשְׁרָהּ שֶׁל אִשָּׁה
הַמְקַנְּאָה בְּנַחַל

אַל תְּכוֹפֵף עוֹד עֵץ הָאֹפֶל
לְעוֹלָם לֹא תֵּדַע פִּשְׁרִי
אַל תַּחְטְפֵנִי
אַל תַּצִּיגֵנִי עֶרְיָה
אַל תְּשַׁלַּח בִּי אִשְּׁךָ
שֶׁלֹּא תִּטֹּשׁ הָרוּחַ אֲפִיקְךָ

תרגום: נעים עריידי

אֶת אֱלֹהַי
מְשׁוּ אוֹתִי מֵעַצְמִי
פִּתְחוּ בְּ"סוּרַת הַמְּשׁוֹרְרִים"
מִזְבַּח הַחֵרוּת מוּכָן
**

שֵׁד עֵינָיו מַצִּיעַ
לְהִתְקַדֵּם אֶל גַּן הָעֵדֶן
בְּמוֹ-יָדָיו מֵמִית אֶת
עַקְשָׁנוּתִי
וְהִתְנַשְּׁמוּתוֹ הַכְּבֵדָה
גּוֹבֶרֶת עָלָיו
**

מָה רַבּוּ דְּרָכַי אֶל גַּן הָעֵדֶן
מִשְׂתָּרְגוֹת בְּקִמּוּרַיִךְ
אֶתַּע בָּהֶן
וְלִי תִּהְיֶה
גָּלוּתֵךְ
**

בְּכַפּוֹתַיִךְ מִדְבָּר
שְׁנוֹת אֹרֶךְ רוּחַ
וּפִרְקֵי יָדַיִךְ מִבְצָר
הַחוֹשֵׁק בְּשִׁבְיִי

אָבוֹאָה בְּתַחֲנוּנִים אֶל עֵינַיִךְ
וְעֵינַיִךְ יָם מִנִּי יַמִּים
**

מזבח החופש

קִרְבִי אֶל צִלִּי
לַקְּטִי אֶת אוֹרֵךְ
הַמְּמַשְׁמֵשׁ וּבָא מִן הָאֲפֵלָה
הוֹי כַּלַּת הָרוּחַ עֲלִי בְדְיוֹ,
מלאי אֶת הַדַּפִּים.
**

כַּאֲשֶׁר יִתְבַּלֶּה חָזֵךְ
הַנָּגוּעַ בַּמְּלִיחוּת הַקָּרָה
נַעֲרַת גַּן הָעֵדֶן
הַנוֹלֶדֶת מִן הָעֵט
ויוֹלֶדֶת מִן הָאוֹת
הַיּוֹצֶרֶת מִן הרביך חלה
שכּל הַשָּׂפוֹת תִּרְעַבְנָה לה
הַמְשׁוֹרֶרֶת הַעֲקָרָה
הַכּוֹרֶכֶת. את פֻּלְחַן לֵדָתֵךְ
בְּלֹבֶן הַדַּפִּים
תְּנִי לנו אוֹר
**

נְשִׁיקַת-תָּם בֵּין רוּחַ וְרֵחַיִם
חִבּוּק מוּזָר בֵּין הֲרִיסוֹת וּצְפִיפוּת
וּזְרוֹעַ נֶאֱבֶקֶת בִּתְהוֹם
**

בְּחוּטֵי דָּמִי טָוִיתִי
חִבּוּק אָסוּר הִזְמַנְתִּי

גחלי המים

עירום גזרי האח

בשם האהבה 126
הַמִּנְחָה 125
הכסא 124
הלילה 123
מתגלָה 122
תורשה 121
משמעות הקץ 120
נקבה 119
כלת הזעתר 118
מִנְחַת ההיכל 116
עירום 115
בלא קול 114
פעמון הכנסייה 113
אמונת הנשים 112
הסתננות 110

מאבק הלבן

חדרים פרומי כפתורים 106
משכב 105
שבעה רקיעים 104
הֲתֵדַע מַה הַמַּשְׁמָעוּת 102
הלבן 100
כלא היה 99
מזבח הזמן 98
שנות חיים 97
קריאה 96
גלים ואַיִן 96
צהלת הסוכר 93
שעשועי קבר 92
שער המזרח 91

תוכן

גחלי המים
מזבח החופש 170
הנטילה 167
ורחובה נרגע 166
טקסים 165
חלון מזרחי 162
סודי 163
געגועים 160
חמניות 159
כךְ 158
נחל צל 157

מפת הבערה
אינני יודעת 154
ערבה 153
מַדקרות 152
האדמה הַמטירה אותנו על הארץ 151
זחילת הנמלים 149
כציפור שחוטה 147
מִלמול 144
פעימות לִבה של האש 143
זמננו תם 142
מרד 140
תחנה 139
הבשורה על פי הכעס 138
ספירָלָה של סוף 135
צועָנייה היא האדמה 134
ענבי תעייה 131

הקדשה:

לכל מי שמרגיש זר בביתו
וחש בודד, אף בקרב משפחתו.

House of Nehesi Publishers
P.O. Box 460
Philipsburg, St. Martin
Caribbean

www.houseofnehesipublish.com

מועצת הפיס
לתרבות ולאמנות

ספר החטאים

נידאא חורי

عدّي رجالك عدّي
وَإن هبّت ريح اَشتّدّي
يا حسرة قلب المارق
صفر جدوده شو حارق
من يوم اللي عرفوا الصفر
بأيديهن بعدو عالق

ودایر من دار الباب
صراخ ولاد والولاد صغار

«طاق طاق طاقية
باب أدراج وعليّة
افتح بابك يا سلطان
افتح بابك واحمينا
صغار وتعبت أيدينا.

من دق بوابك طال الليل
وليلى طلّت علينا
بطاقية حمراء بتقول
يا ويلي ستي ماتت
وبعدو لاحقنا الغول.»

وناس تعيد ألحكي على النيّات
شي عَبَرْ شي هَجَر شي باقي
يبحث عن أثر
خلص الكلام والمعنى انكسر
باب الشرق مجنون
سكر جهات الأرض بوجوه البشر

باب الشرق كذّاب
كل يوم تطلع شمس
يبلعها غياب
ما تصدق وعدك
وعدك عتيق
وبلادك عباءة
صلاة شَلَحْها الزمن لبستها الطريق

باب الشرق مكتوب
على جبين الناس
بتراب الأرض
مجبول
جسمك جوعك عطشك والكأس

ودابر من دار الباب
عتاب تروح تودّي
عتاب تنوح تقول:

باب الشرق يُغنّي

«يا صوتي ظَلّكْ طاير زَوْبِع في ها الضماير
خَبِرهُن عَللي صايِر بَلْكي بيوْعَه الضمير.»

×××

باب الشرق تنويح
باب يفتح باب يفضح باب يفتحلك الله

على باب الشرق انكتب
حمّل على أكتافها تعب

على باب الشرق انحفر صراخ
مشلوخ من ركوع البشر

وبالشرق قالوا للبنت
ديري بالك على حالك
أنت عرِض وطول الزمان
نقول مش معقول بالشرق
قتل الشرف مش معقول

باب الشرق كلمة
بتخّلف كلام
وناس من كثر ألحكي
بتفهم خصام

خلقت أجيال في الحرب، علقت
والحرب لغات

ونَهَرَ أهلَها إلى بلادٍ كانْ
يعيشونَ العمرَ فيها ارتكاساً
حتى السّؤالَ يحالُ حنيناً
ويستحيلُ على الاحتمالْ
استجابةٌ تلدُ استجابةً
والجوابُ يَجهلُهُ الرجالُ

وبابُ الشرقِ يصلّي
فيا أهلَ البيتِ تستروا
ويا اللهُ أسترْ

الشرقُ امرأةٌ علّتُها الليلُ
ضُرّتُها الشّمْسُ
حَرقتُها تقتلُ

وبابُ الشرقِ يُغني

«يا فؤادي
لا تَسَلْ أينَ الهوى
قدْ كانَ صرْحاً مِنْ خيالٍ فَهَوَى»

بابُ الشرقِ بابُ الشرقِ
يُغنّي

«الغضبُ الساطعُ آت وأنا كُلّي إيمان
الغضبُ الساطعُ آتٍ وأنا كُلّي إيمان»

أيتُها القبيلةُ أتينا
من بعدٍ سحيقٍ في دربِ الحرير
من الهند إلى بلادِ العربِ وجزيرةِ العربِ ومرافئِ العربِ
انحَرَفْنا منَ الحريرِ انزلقنا منَ السياقِ
مارَسْنا جوعاً بهيمياً نَهَشْناهُ نَهَشَنا
وكلُ ما شئنا هو أن نكونَ
فنَحَرَنا الهلالُ فَجّ لحمَ الظلامِ فَضَحَنا.

وانفتحَ بابُ الشرقِ

انفتحَ بابُ الشرقِ بالبهاراتِ وأسواقِ العطّارينَ
انفتحَ بابُ القماشِ وترهّلت أذيالُ العباءاتِ والملاءاتِ واللّفائفِ والشراشفِ
وتهدلَ القماشُ على حبالِ الغسيلِ وعلى الأكتافِ المُثقلةِ بنيرِ الحريةِ
وبفكرةِ التحررِ
ناءَ الشرقُ
من التّمرِ وأحمالِ البوادي ومن الصحارى
من بدءِ حمدِ الربِّ إلى جلالةِ ربِّ الحمدِ
ومن صلاةِ الصبحِ إلى مغربِ الأصالةِ

انفتحَ بابُ الشرقِ
وبابُ الشرقِ رجالٌ
ليلُهُم قاطعٌ في ليلِ المقاهي والأراغيلِ والهالِ
ليلُهُم قادرٌ على الحريم
أنْ يُغْلِقَ الشمسَ يُعدِمَ الممكنَ يُعلنَ المحالَ

بابُ الشرقِ بلادٌ لا بابَ لها
إلا رحمةَ سلطان
تغلقُ البابَ على أهلِها

بابُ الشرقِ بلادٌ علاها الزمانُ

باب الشرق

باسم الله
الذي بعثَ في الغيمِ حزنا
وأمطرَ البلادَ بكاءْ.
باسم الله أشهد أني
ابنةُ الشرق
وليدةُ البؤسِ حفيدةُ الخلفاءِ.
باسم الله
قتلني.. موتُ أمي
التي قَتَلَتْها أمُها
التي قَتَلَتْها الأمّةُ حينَ وُلِدَتْ منَ النساءْ.

باسم الله
قُتلنا كلُنا في ليلِ الحواري والجواري
وفي عتمةِ التعرّي والاغتسالِ
في الحماماتِ وبلاطِ الأسيادْ.
في ليلِ السلاطين وبردِ البلاط
في ليلِ البلادِ والبلادُ ملحٌ ورمادْ.

أيّها القومُ قُتِلْنا
من الأجدادِ والأسيادِ والاستعبادْ
من أهلِ القاعدة والاستثناءْ
إناثٌ حَنّطَنا الالتفاتُ إلى الوراءْ.

أيتُها القبيلةُ وُلِدْنا
منَ كفرٍ منْ خطيئةٍ ومن شهوةٍ جنسٍ عتيقة
وُلِدْنا منَ المُباحِ في خمريّاتِ الليالي المِلاحِ.

مَلهاةُ القبـرِ

الثلجُ مسموعٌ مثْل الله
وصوتُ الماءِ والزَنابقُ
طقسٌ
امرأةٌ من شمعٍ
لآخرِ مرّةٍ تذوبُ
من خَصْرِها
زبدٌ
ورجلٌ من دفءٍ
يطفو فيه اللهيبُ
فكيفَ لا تَذوبُ من عينيها
ومنْ أصابعِهِ كيفَ لا يذوبُ
عاصفةٌ
تُميتُ كلَ شيءٍ فيها
وتُحييه
فيَشْهقُ العمرُ في دهشة
روحٍ أُفْرِغَتْ منْ زَمانِها.
لتُبْقيهِ...

زغرودة السكر

تستحمُّ السماء
بالزغاريد
تتسربلُ الشقاءَ
وعنقي يرجفُ
في عريهِ
برقٌ
وتكادُ تنفضحُ السماءُ
ظلّي يختبئ
بي
زخّاتُ لمسٍ وعتم
أكاد أسمع السكّر
يذوبُ
في الماء أكادُ أرقصُ
موسيقى يديك أكادُ
أعتلي لولبةَ البخار
اسمعُ السكّر يذوب
يدغدغني
يعيدُني إلى ذاتي
ويصهل
أكادُ أعزفُ الألوان
أكادُ أصفقُ
بين الخضرةِ والخمرةِ
أهلّل ترانيم السماوي
أكادُ أنتهي.

20.01.95

علّمتني العودةَ
أعود منك إليكَ
علّمتني الصّمتَ
علّمتني أن أضحكَ
وأخيراً أتقنتُ البكاءَ
على يديكَ
وكان موجٌ ثائرٌ
في فمي الملعونِ
كان موجٌ
يتغلغلُ في بقايايَ
ينبشُ رُكامي
ويكتبُ أسطورةَ اللّاشيء.

مَوْجٌ ولا شيء

لا أجرؤُ على الكتابةِ
لا أستطيعُ البَوْحَ
أصغرُ منَ الكلماتِ
أضعفُ منَ الذّكرى
أقلُّ منَ الدّمْعة
أخافُ من عُيُونَي
وفي فمي رمحٌ
يقطعُ الكلمات
من أطرافِ قلبي
يخبّئُها في جيوبِ اللّيْلِ
لا أجرؤُ على الكتابةِ
لا أحتملُ وعدَكَ
لا أستطيعُ البَوْحَ
لا أقوى على التّشَرُّد
رسمتَني على الطّرُقاتِ
مَحَوْتَني
طويْتَ كتابكَ، مضيتَ
ولم أزلْ أُقدّسُ
جِلديِ لأنه لم يزلِ
يحملُ الرّسائل
الّتي تنمو ببطءٍ
لتقطِفَها شَفَتاك

نِداء

الألم يُقطعني ونداؤُك يشدُّني
أنتفضُ وتتمرَّغُ أجنحتي
في دماءِ عنقي
أهوي أعانقُ الضياعَ
على ترابٍ لدغتهُ الأرجلُ
ذبحتني ريشةُ الطُّهرِ

عمر

مَناقيرُ العصَافير
تُقَصْفصُ الفجرَ
فُتاتُ خبزِ اسودَ
على طاولةِ الفقير
يَسِّفُهُ العمَرُ مُسرِعاً
في استدراكِ الوقتِ.

مذعورٌ صُرعِ الطَّيرُ
وهو يبتَهِلُ لباقي العُمْرِ.

معبدُ الوقت

الليلُ والنهارُ والليل
يُلَمْلفْان خصري
بالقُطنِ المَنْدوف
منْ مَدارِ الطيورِ
وتقاطيعِ الوقتِ الكثيفِ.
الليلُ والنهارُ والليل
ضجرٌ مجنزرٌ في
لوحةِ الخريف
من كواحلِ السكاكين
يولدُ الساتانُ
في معبدِ الوقتِ القتيلِ
ينتحلُ قامتي المهدومةَ
عكسَ الشرايين.

كأنما لم يَكن

فنجانُ القهوة مقلوبٌ
الكتابُ مغلقٌ
والدربُ عائدٌ
منَ الرحيلِ
إلى الحقائبِ السوداءِ
ويلملمُ الميناءُ
قطعَ الموجِ المنكسرِ
يضّجُ من صوتِ السقوط
هنا يكونُ اللقاءُ الأخيرُ
هنا يكتملُ الرحيلُ
بآخرِ موجةٍ منَ البحرِ
بآخرِ عهدٍ منَ الرملِ
تكتملُ الثورةُ
ويكونُ سكونُ

الأبيض

لا أريدُ ورقًا
حاملاً كلمات
لا أريدُ رجلاً
مشغولاً بالمعاني
فالأبيضُ المقدسُ
يلدُ معانيَهُ المقدسةَ
حينَ يأتي
دونَ إرادةِ الأشياءِ.

2001-1-1

193

هل تعلمُ ما يعني
أن نقفَ في صفِ ناسٍ طويلٍ
ننتظرُ الدّخولَ
وتفرّقُنا زحمةُ الكلامِ في التّأويلِ؟

ينتهي العرضُ ونحنُ
ما زلنا نبحثُ عن لفتة تضيءُ لنا النّومَ
والحُلُمَ الّذي يطاردُ العَتمَةَ فينا
وينفينا من سِفْرِ المعقولِ
يحاصِرُنا في المَقَدّسِ
يقتُلُنا باسم المشيئةِ

ينتهي العرضُ ونحنُ
هل تعلمُ أنّا قُتلنا
ولمّا نَمُتْ.

أتعلمُ ما يعني

أتعلمُ ما يعني أنْ نقفَ
في ازدحامِ طابورِ ناس ، آخرُه فتحةُ شباك
ونحنُ منذُ البدءِ ببطءِ الخطوة نقاربُ للوصولِ
وعلى استعدادٍ لنمارسَ الصمتَ الطويلَ ؟
وقد أتينا للمثولِ أمامَ الليلِ في العتمِ
حتّى في ليلِ البردِ كنا نريدُ أن نعلمَ
ما تعني الحياةُ لنا وما تعني للآخرينَ
وكنا نقارنُ بيننا
نتداولُ الحكايةَ
والشّغفُ يملأ عيوننا
نتنهّدُ...
نتكاسلُ
نتكئُ كلٌّ على كلّه
نشبكُ أذرعَنا ونسيرُ في بطءٍ شديدٍ
نتسكّعُ..نتلكّعُ
في الشوارعِ
حتّى نستويَ والقبلُ
قبلَ طلوعِ الفجرِ، تقطفُ أعناقَنا منَ التّنهيدِ
وقبلَ صياحِ الدّيك
يُنكرُ كلٌّ منّا كلّهُ الآخرَ

على هذه الصّخرة
أنهدمُ وعلى هذه الصّخرةِ
تنوي بناءَ بيتكَ الثّالث.

يُصلبُ الوقتُ ونُصلبُ

أنا التي لي سماءٌ
لا نومَ لها وأعمارٌ لا أرضَ لها
لي سبعُ سمواتٍ وسبعُ قبورٍ
ولي أمٌّ ولدتُ قبلَها
أنا هي الّتي
ليسَ لها

سَبعُ سموات

أنا الّتي لها
سماءٌ عاديّة
أسقطُ فيها بدهشةٍ
أنا الّتي لها
سماءٌ مهاجرة
تناولني القربانةَ الأولى
تعلّمني جهات الطيور
أنا التي لها
سماءٌ خالية
تمطرُ شهوة
تزرعني بالمرّ واللُّبان
وأنبتُ في زيت التّثبيت
كالبَخور
أروحُ
للبئرِ العتيقة
أفوحَ بالخطايَا
طقوسُ مؤمنين كثيرين
تثبِّت فيّ الدّين
تملؤني عُبُورا
في سماء مترهلة
أتعلمُ الموتَ الثقيلَ
في سماءٍ لا غطاءَ لها
أتعلّمُ مواسمَ الزّهرِ
في أجنحة
لا جهات لّها
أنا الّتي سمائي بكاءٌ ورجالي

تخت

ما عدْتُ احتملتُ
فراشي مرض
وشباكي موت
نهضتُ مُبَلّلةً
أرداني الوردُ الذابلُ
في اللونِ

وذاتُ اللّيلِ شدَّتْ عتمَ اللّيلِ إلى ذاتها
من أفُقِ البَردِ إلى مدارِ اللّهَبِ في التَّخْتِ

ما عدتُ احتملتُ
الوردَ ابنَ الوريدِ
مذبوحاً من العنقِ حتى الحديدِ

مبللةً نهضتُ، من اللونِ
ذابَ النحتُ في التّماثيلِ
وذبْتُ

ما عدتُ احتملتُ
تختي تكللَ بالمطرِ
وشبّاكي تورّدَ بالموتِ.

22.02.04
ملبن

الغرف المفكوكةُ الأزرار

الغرفُ المفكوكةُ الأزرارِ
تَخْلَعُنا من دمنا
تختبئُ
في المرايا
تُسقطُنا.

×××

الغرفُ المفكوكةُ الأزرارِ
تَخْلَعُنا من عُريها
تختبئُ
في العراءِ
تترُكنا.

×××

الغرفُ المخلوعةُ منَ النّومِ
تعزِفُنا في حلمِها
علی الأبوابِ
نايات
تصحُّو تعاتِبُنا.

٤- عراك الأبيض

تسرب

يتسرّبُ اللّيلُ من رِمْشي
ينحَلُّ من دَمي
يسحُّ على طرقاتِ أصابِعي
يتفقّدُ خلاياهُ
ويغفُو
عندما يبدأُ التعبّدُ
في حجابِ الكاحلِ
يصحو
وعندما ينهضُ النّبضُ
في الهياكل
يتسرّبُ اللَيلُ عائداً
يجدُ أنّي خلوتُ
للاعتراف
في معبدٍ وثنيٍ
يتركُني

xxxx

والموت الملعونُ
يأخذُ الأبناءَ عن الصدورِ
يُعلمُ النساءَ الصمودَ
المُنشرخَ بقامتين
موتٌ وقيامةُ
المجدُ للوجع الآتي
المجدُ في الجراح
وعلى النساءِ السلام.

عقيدة النساء

نساءٌ تعتقدُ أن الجرحَ
هو الله
يلدُنا ، نحياهُ ، نموت فيه
نساءٌ تعتقدُ أن المعتقلَ
حقٌ
نرسلُ إليه
نموت فيه، يتناوبُ على أبنائنا
نساءٌ تعتَقدُ أن الرصاصَ
عشقٌ
يلثُمنا، يشقُ في القلب فماً للحرّية
نعانقهُ، يموتُ العالمُ فينا
يدخُلنا، نخرج منه إلى الأبديّة.

xxxxxxxx

نساءٌ تشتهي الجثث
نساءٌ تشتهي النسور
نساءٌ مشردةٌ
بين القبائل والقبور
نساؤنا
تتعلمُ دينَ المصير
تحْبَل بالسخرية
تلدُ المسافةَ
تُرضعها المأساةَ
وتهزأ بالحضور

جرس الكنيسة

وحدَهُ
يترنــحُ
في عنقه حبلٌ
من المصلينَ
معلــقٌ
حــائرٌ
ميتٌ
يحاكينا
يأمرُنا
نركعُ
نصلي إليه
وحدهُ السيدُ
محكـــومٌ
عليـــه
ألا تطأَ قدماهُ الأرض.

وحدهُ
يترنحُ
حبلِ
المصلينَ
في عنقه
معلقٌ
حائرٌ
ميتٌ
يحاكينا
يأمرُنا
نركعُ
نصلي إليه
وحدهُ السيدُ
محكومٌ
عليه
ألا تطأ قدماهُ الأرض.

ولا صوت

عنكبوتٌ يَحبُك تمَزُقي
سنبلةٌ تكْتُمُ جوعي
وكاحلي منجلٌ في حقلِ قمح

xxxxx

خُيوطُ المعرفَة
تلْجُمُ حيرتي
وخُيوطُ الثوب
تفْضَحُ وجَعي.

xxxxx

حوريَّةُ الوجعِ تَأتي منَ الخاصرةِ
مُلَفَّحةً بشالٍ من العكَرِ
تُغنّي للصيّادينَ
ويُصّفِقُ لحمُ البشَرِ

عري

سِنجابٌ يُخيطُ الأرضَ
مِن شرياني
أنْفَرِطُ
عراءَ رغوةَ وحدةَ

أتعرّى من ذاكرتي
أُغري السّنجابَ
يقفزُ يَمتشِقُ عُرُوقي
أتساقَطُ قُبلَةً قُبلة

قربان الهيكل

ركعَ القمحُ
يصلّي للمَنجلِ
وافاهُ الغمرُ
بحضنٍ يرشَحُ
عرقاً
خلُصَ القمحُ
من عذابِ الحقلِ
غَفَا
ريثما
يأتي البيدرُ
حلمَ بالسنبلة
صحّاهُ قربانُ الهيكلِ .

209

عروسُ العجين تأخّرتْ في الفرنِ
ماعَتْ من عَسْعَسَةِ الجَمْرِ
تراختْ
بينَ شفاه الوقت
لكزَتها أصابعُ النّساءِ
حَمَلتها بدلالٍ
سَحتّت على صدرِ الطَّبَقِ
عقيدةَ سُكّرٍ
لا تحتَمِلُ وَشْمَ الزّعْتَرِ

فنزويلا كاراكاس
26.5.07
ليلا

عروسُ الزعتر

عروسُ العَجين تقدّمَتْ
تَتَحنّى بالزّعتَرَ
زفّتها النّسوةُ
بين أصابع الصّبيان
تدلّعت قليلا تَمَنّعَتْ
وأسلَمَتْ روحَها
على ورقِ الدّفاترِ
بُقَعُ زيتٍ

عروسُ العجينِ تَقَدّمَتْ
تَتَحمّرُ
تَوَرَّمَت
من حطب يتّقدُ
دَوّرَها الخَبّازُ
استَوَتْ
واكتوى
بكَتْ
على يَديهِ بُقعاً حمر ا

أنثى

أقرأُ صَفَحات الغياب
أتنصَّلُ مِنْ ألوَاني لأَعتليَ الغَيْمَةَ
وكلّي
صفحاتٌ
تترجُمني
من تبْر إلى ترابِ
من بطَنٍ إلى خَرَابِ

سيّجوا مقابرَكم لِئَلاّ ترعى الريحُ حناياي
اتركوا البابَ مَفْتُوَحاً للذّاكرة
فأنا سجينةُ ترابٍ لمْ يَعُدْ يتسعَ معناي
آيلةٌ للسّقُوط
من لَوْني
تَمَاسكْ جيّداً
أيّها الجدارُ تماسكْ تماماً
قبلَ طَقس العَنصَرة
تماسكْ كلّك كي تسندَ
هذا الانتصارَ على الجسد
وهذا الاستقلالَ من قلائدَ الغُبارِ
ومن العُنقِ المُنفرِطِ.

15.5.96

معنى الانتهاءِ

بينَ عقاربِ المكانِ
وزوايا الوقت
أنتشرُ كما الدّخانُ
سرٌّ كينونة الآلهة في الأرضيّينَ
وكيفيّةَ ترابٍ أتت من شجر

أدركُ كنهَ الأشياءِ
ومعنى الانتهاءِ المتتالي
أتحرّرُ من ذوبانِ الرّوحِ في كأسِها

أتبعثرُ في جوانبِ الأبديّةِ
حكمةً مستعصيةً على
الإدراكِ واللّغةِ

أتزوّجُ أقلامي، أحتفلُ بالفواصلِ
والكلامُ نسلي
المتكاثرُ كرملِ إبراهيمَ
ذبيحةُ العهدِ القديم
مركونةٌ إلى ظهري
كالحمار أنا
أحملُ التّاريخَ والمعرفةَ
وأموتُ مُنفَرداً .

97،7،20

سلالة الحياة

انشغلنا بالأسماء
ونسينا أن الوردَ أَحمرُ

علّمونا أنّ الأسماءَ لا تموتُ
وما عرفنا أننا الأسماءُ
متْنا
جَرّبنا الموتَ
كثيراً...متنا
ولم تمُتْ بنَا الأسماءُ
وما زلنا نرثُ العهدَ القديمَ
والأسماءَ الّتي قُتلت
ولم تمُتْ وحدَها
باقيةً تحيا فينا
حتّى نموتَ لها
وتولدُ
من جديد
في أبنائنا
أسماءُ الميّتين.

أتراءى

أتراءى في أبعادي شَجَراً حزيناً
لا تُغنّي لهُ الطّيورُ
يتلَقّحُ بالرّيحِ
تصبغهُ
بالمساءِ والبخورِ
×××
يستريحُ العمرُ
ويتّكئُ على دَمي شجر.

القربانة

أنامُ

امرأة مجنونة أفرحُ

في ذوباني الهادفِ

لتحقيق الذات

بانعدامها.

يشهدون جنازتي، ينكرون ذاتهم، ينكرون الموت، يعودون إلى النهارات

وكل شيء يبقى على حاله

كل شيء يفنى على حاله

وأنسج جنازتي من خطى الأقدام، أنسل خيوط العمر، أتعلم الأيام

أتقدم عمرا قصيرا لأجل جنازة طويلة

وحدي

أشعر أني لا أشعر بشيء

لا أشعر

أنام	وحيدة في الكأس
أفرح	يغمرني الهيكل بظلمة الخمر
بالانعدام	أتجاهل الموت
وحدي	أتعانق أتعالى
لا أشعر	قربانة تلاقي قربانها
أتعالى	مقدس
مقدسة	قمحي على المذبح
عجينة قربان	خمري في البراميل
ثغرقني في الخمر	وليس إلا الموت
أصابعُ الكهّان	أتقدم له، بأجمل الخطايا

أغريه ويغريني

فموت الآخرين طقسٌ يكويني

وموتي حق لا يحق لغير عيوني

حريتي لعبة العدم

في ملتقى القدر

الدائر في الكل

صُدفة لقاء الموت متعة

لا احترام فيها للإحساس بالأشياء

لا فرح فيها لا حزن ولا تنهد

هو الموت كليّةٌ يُجسدها الإلغاء

انعدام يعطي المعنى للحياة

والبدء فيها انتهاء.

216

الليل

تعرّى الليلُ من هَيْبَته
أراه خجولاً من الشوارعِ
يرفعُ يدَهُ
يُغطّي عينيه
تُشَمِّرُ عن فَخذَيهِ الشّمسُ.

الكرسي

يملؤني بالفرح
كرسيّ الخشبَيُّ
يصغي دائما
إلى لحنِ الأعشاشِ
وينتشي
ما زال موهومًا
بطفولةِ أخشابه
في حضنِ ا لصفصافِ.

باسمِ الحُبِّ

باسم الحبِّ
قتلكَ الحبُّ
كما قتلكَ الرَّغيفُ
كما قتلكَ أخوكَ
كما قتلكَ القتلُ
كما قتلكَ الزّمَنُ
وقتلكَ المكانُ
أيُّها المولودُ في المُقَدَّسِ
قتلتكَ الولادةُ .

عري الحطب

عِنَبُ التّيه

كنّا في الطفولة نضيءُ
جسدَ النساء بالمرايا
وها نحن الآن نُطْفِئُه

وتبحثُ النّساءُ عن النّساء
فيك أيّها الليلُ الكَثير
لا تُرهقْنا
نبحثُ فيك
لا تختصرْ
ابقَ كما أنت أيّها الطيرُ القليل
كي نتكاملَ فيك
أيّها الإلهُ المنكسر

نبحثُ يا عنبَ التّيهِ
فيك عن عنبٍ
وفي إلهك
عن غضب
وفي بحركَ نبحثُ
عن قافلة
نبحثُ عن موتٍ في الموت
نبحثُ فيك نقطفُ بيادرنا
وننكسرُ
مائدةً تمتدُّ إلى اللّيل
واللّيلُ يساهرُ عتمَتَنا
يفتّتُ البلادَ
أزواجاً للهداية، قوافلَ للمرايا
وخرائط في شبرِ ماءٍ تنتحر

وتبقى امرأةٌ تُسَّحُ
تختمُ المرآةَ بفمِها
والمرآةُ جائعةٌ إلى قُبَلِ
تفتح كتابَ الصهيل
توقّعُ فوقَ الجبين
فيرحلُ أليانسون
وحده
يتسلّقُ الغيمة البتول
بمزعٍ من الشمس مقدرةً
ينتعلُ النعناعَ
وينتحلُ خنجراً لا يتوشّح
إذا علِقت فيه تنانيرُ العصافير

فكلُّ هذا الترابِ الذي نجبلُه
بأرجلِ التعب
كلُّه هو كلّه
جسدي.

وفي جُرنِ المعموديّةِ سيّدةٌ
إذا وقعت يوماً
تلمُّها الأرض
والأرض غجريةٌ
غجريةٌ هي الأرض...

20.7.95

غجرية هي الأرض

كلُّ هذا التراب الذي نجبُلُه
بأرجلِ التعب
كلُّه ... هو كلّه
جسدي
يدخلُ في الغمام يستحمُّ
يدخلُ في النوم ، لا لينام
يدخل فستان السماء يتعانقُ
وحده يتعانقُ
التُرابُ الذي مضى والذي يأتي
كلُّه جسدي
وكلّي ترابٌ
ارتسمُ على بطنِ الدرب
عائدةً إلى ألمي
أمجدُ لا إله لي
إلّاي في جلدي العتيق
منذ الفلسفة الأولى
لم يكن باستطاعتي أن أتّسع
أكثرَ من عذابي
لم يكن باستطاعتي أن أخرجَ
من الجنائن إلى الجنون

يجرحُني شيءٌ ما
هواءٌ ما... ماءٌ ما
جناحاي عكّاز ريحٍ
والريحُ ترحلُني
ترعى جوانبَ القبورِ. فيشتعلُ

لولبة الانتهاء

بين الوسادة
والجسد العاقر
رسالة تختصر
طقوس العبادة
تشّمر الشراشفَ
والكواحلَ ويطغى
عطرُ الرجالِ
على أطراف
المعــــابد
يرســـلُ
المصـلين
عقـــائد
ملتهبة
وعقود
منحلة
والعقيدُ
يســـــاوم
أرضنا لنا
وجسدُ الأرضِ
لنا وبطنُ الأرضِ
لنا وشفاهُ
الأرضِ والفاكهةُ. وليس لنا
من طقوس التعبدِ
ركوعاً إلا
في حضرةِ القِبلة
والقُبلةِ
والقبولِ
والسلطنةِ.
بين الوسادةِ
والجسدِ العاقر
عطرٌ يُراسلنا
نختصرُ
مساحتنا
وندخلُ
طقوسَ
التهافتِ
نهــــرولُ
في التساقط
بين الوسادة
والجسدِ العاقر
رسالةٌ تختصرُ
حضارتنا.

نتزوّجُ الغضبَ
نعانقُ الطّبيعةَ
نُمطرُ في موسمِ الأعراسِ
لحماً غزلانياً
يُشَردُ المسافةَ بين ساقي الأرضِ
ويغتصبُ الزمنَ
يَشْكّونَ شظايانا مسابحَ
تلوحُ على أبوابِ المعابدِ
تخلعُ الريحَ
تتَهَجّى قيامةَ المسيحِ
تنْبشُ الإيمانَ
وصقورُ لحمِنا
تألفُ بجعاتِ الألمِ
تنهشُ الزّمَنَ

الأزمانُ السّبعةُ

يُفرغُ البحرَ في الجرنِ
يشطفُ صحنَ السماءِ
يَركنُه إلى حافّة الأفقِ
ثم يَأوي إلى النَّوم
بين مداراتِ النُّهودِ

شهقةٌ، والعصافيرُ العائدةُ
ترتعشُ وتنتحرُ
في أعشاشِها المُحاصَرةِ

حبّاتُ زؤانٍ ...تكرُجُ من حضنٍ
يستسلمُ للّعابِ الزّمَنِ

ترتخي المشانقُ ببطءٍ
يأتينا الموتُ كالمصلِ
دفعات دفعاتْ
تواصلًا مُقَطعا
مناعتُنا لم تزلْ تُقطّرُ منّا الزمنَ

إنجيلُ الغَضَب

الفاتحةُ

يصحونَ في نُعاسي
وأسافرُ في لَيْلهم الطّويلِ
إلى حالي .

باسم الله
يرسو لجنُ الدّولة
في خرائط الزّمَنِ
يُدلي بالآتي :
تقتحمُ الأشهُر عشقَنا الأخيرَ
يمشي دَمُنا في شارعِ المستحيلِ
يقتحمُ جوعُنا حرمةَ الممكنِ
ينهشُ قلوبَنا اللاّ معقولُ
نمتطي شبحَ الأبدِ
في ليلنا
حشرَجةٌ
زفةٌ بيضاء
قرعُ طبولٍ وبقعُ دم
على قميصِ الأفقِ

محطة

أقفُ على المحطّاتِ
أطاردُ جوعي
يدي غابةٌ لا قمحَ فيها
لا رغيفَ
ساقي نخيلٌ تأكلُ تمرَهُ الغربةُ
صدري بحرٌ يملؤهُ السّمكُ الجائعُ
وميدانٌ للشقاءِ جبيني
يصطادونَني
لا غابةَ، لا صحراءَ، لا بحرَ، لا ميدانَ
هذا هو وطني للعهدِ الجديدِ !!!!

الجسد المشتعل

العمرُ أعوامٌ تحتَ الإبطِ
نحزمُها
تَيبسُ، تسقطُ
سّمسما
والعناوينُ ضُمَمٌ في الحضنِ
نحطُها
زعتراً
نفرطُ البعدَ
فوقَ الجسدِ المشتعلِ
رائحةً من بَلدي.

تمـــرّد

أتمردُ لأمحوَ خرائطَ التسرُّبِ
بين أصابعه
أتمرّدُ في كفٍّ يدِهِ
يطوِّعُني
ويعلنُ عليَّ الغبارَ والخطيئةَ
أتمرّدُ
على هوائي ومائي وجلدي
أخرقُ تمرّدي
وأسجدُ
لحريّةٍ أسميتُها القصيدةَ.

وقال:
ما عليّ إلا أن أتذكّرَ شيئا واحدا فقط، تماما مثله
أعيدُ ما يقولون
أفعلِ كما يفعلون
أقبلُ ما يقبلون
أرفض ما يرفضون
آكل ما يأكلون
أعيش كما يعيشون
وهكذا

انتهى الوقتُ ونسيَ
حالةَ الطقس وأنا أيضاً
وافاني الوقتُ انتهيتُ
بلا قول وما لبثْتُ أقول:
إن الناسَ هنا بهذه البلاد في كلِّ يومٍ
يقتلون.

28.04.07
Cove park-Scotland

انتهى الوقت

منذ أكثرَ من ثلاثين عام
في كلِّ نشرةِ أخبارِ
يأتي المذيع باستمرارٍ في الساعة ذاتها
إلى الشّاشة ذاتها
يتلو عليّ ما كانَ
ما قالوا .. ما فعلوا ..وما قصدوا
يقول هذا هو كلُّ ما يعرفون
يؤكد أنهم لا يعلمون أكثرَ
ويختمُ بحالة الطقس
جافٌّ غائمٌ عاصفٌ حار

منذ أكثرَ من ثلاثين عام
في كلِّ نشرةِ أخبار
آتي أنا باستمرارٍ في الساعةِ ذاتها
إلى الشاشة ذاتها
أُخبرُ المذيعَ أنّي لا أريدُ أن أرى ما أراه
لا أريدُ أنْ اسمعَ ما اسمعُهُ
ولا أنْ اعرفَ ما كانَ
لا ما قالوا لا ما فعلوا ولا ما قصدوا
وأنّ حالةَ الطقسِ لم تعد تعنيني

أمّا اليومَ أتى المذيعُ كعادتِه تماماً
في الساعة ذاتها
إلى الشاشة ذاتها يقولُ
أنّهُ يأتي منذُ ثلاثين عاما في كلِّ يوم
ليعلمني أن أنسى اليوم الذي مضى

نبضُ النار

في الأوردَة نَبْضٌ بَطيءٌ
في الشّوارِع نبضٌ سرّيٌّ
في السّاحاتِ دبكٌ صارخٌ
في الجلدِ نبضٌ باردٌ
في العينِ نبضٌ حارقٌ
في الشّهوة نبضٌ مُرٌّ
في جسدِ الشّباب نبضٌ
في نارِ القلب عزفٌ
يتعلّمُ الرّقصَ الأخيرَ

تمتمة

عند حدود الكلمة
سياجٌ شائكٌ طويلٌ
عند حدودِ الجُرحِ
ينمو الأملُ
يشكو
يئنُّ ويصمتُ
عندما تُزغردُ البنادقُ.

دمّرْ أساطيرَكَ وأديانَكَ
لَسْتَ وحيداً
في التّهلُكة
على حافّةَ الوقت
ماتَ العهدُ القديمُ
كالطّيرِ المذبوح
وعلى حافّةِ البيتِ
متنا.

20.02.04
ملبن

أُسقُطْ منَ الأساطيرِ
تغلغلْ في ا لبلاد
يُسرِّبُ إليكَ المكَانُ
حدودَ المكانِ.

مخضّبةً بالأحمرِ
اتركْها
لوّحْ بشَرشَفكَ
خلّفْ نسلَكَ
في الحصارِ
على حَافّة شبّاكٍ
ينازلُ الربَّ
نَسلُكَ.

قُم احملْ صهيلَكَ
وامَش وحدكَ
صَفّ الكلامَ منَ الوَشْوَشاتِ
احذفْ روحَكَ
احذفْها
كلّما تقدمْتَ
البسْ لوناً
اخلط الألوانَ
في بدَن يموتُ
كلّما تقدّمَ

كالطّيرِ المَذْبوح

كالطّير المَذبوحِ
على حافّة الوقتِ
متنا كثيراً
مَسَحْنا ملامحَنا القديمةَ
وأتتنا الأسطورةُ
عاريةً منَ المكانِ.

قُمْ يا وَلدي احملْ خيوَلكَ
وانتصبْ منْ غُبارٍ
على حافّة الوجعِ
انْطَحنْ
تجْبلُكَ امرأةٌ
تُشعلُ فرنَها
تُشبعُ الحرمانَ.

قُم احملْ صورتَكَ
وامَضِ في الرّغيفِ
على حافّة الزّيْتِ
حياةٌ وموتٌ
كما الماءُ
يزيدانكِ احتمالاً للنّار.

النساءُ
كالنُّحاسِ ترنُّ
تحنُّ للبيَاضِ
نساؤهم
رمانٌ... ينزُّ
حَمارَ غَسَقٍ على شرْشفِ الضباب

زحفُ النملِ

تلدُهُمُ المخادعُ
لونًا واحدًا
يزحفُ في الدروبِ
تلوّنُهُم بالأسماء
يعودون
لا يُشبِهون أحدا

بيوتُهُمُ تتثاءَبُ
تنفُثُ أنفاسَهم
فيلحقونَ الخبزَ

يرجعون
ألوانُهم كثيرة
لوّنتهُم عيونُ الناسِ
بالبربرةِ والغيرة

بلادٌ يُغريها
زحفُ النَّملِ
تُعَلِّمُ أهاليها
سرَّ الزحفِ
ويغادرون
كالأشباح
جسدَها
كأشباح يسيرونَ
خلف أسمائهم
يحلُمون
ونساؤهم تُرهِقُها الأواني

يدملُ مجراه
من غضبِ السّحابِ.

أمطرتنا الأرضُ على البلادِ
ورداً بجناحات
انكسرَ جناحُ اللونِ
توشّحنا بالسوادِ
انكسرَ جناحُ الصوتِ
صرخنا...
انكسرَ الخاطرُ
انكسرنا..

مرّت جنازاتنا تحملُ الجنازاتِ
وجناحُ النهارِ تحاصرَ
ثمّ تجاسرَ وانتحرَ
أمطرتنا الأرضُ ورداً
وردْنا العطشَ
اختنقنا من فيوضاتِ البشرِ.

سلْنا وماعَتْ ملامحُنا
تغشم العمرُ عنّا
أمطرتنا الأرضُ
شربتنا السماءُ
لحنا جنائزياً مكللاً بالفناءِ.

أمطرتنا الأرضُ على البلاد

أمطرتنا الأرضُ على البلادِ
ورداً بجناحات
لو نظرتَ .. ترى
كلَّ البلاد ورداً واقفاً
يبكي الثرى.
رفرفةُ طيرٍ مذبوحٍ
أجنحةٌ مكسّرةٌ
خاطرٌ مكسورٌ
عمرٌ منعوفٌ
مذبوحٌ بنصلِ المبخرةِ.

ترفرفُ البلادُ، جناحاتٌ محاصرةٌ
مخيمٌ مهدّومٌ
فصلٌ مقطوعٌ
فصيلٌ مزروعٌ بدربِ المقبرةِ.

لو نظرتَ ترى
ورداً يغطُّ المناقيرَ في الترابِ
وينتفضُ من السوادِ
صوتاً كالغرابِ.

ورداً تخثَّرَ عطرُهُ
لونُه كالنهرِ المذبوحِ يجري
مذبوحاً في عنقِ الفتى
وفي ذاتِ العنقِ
نهرٌ يستَحمُ بالعطشِ

طعنات

يا جاموسَ العبادةِ
المستعصي عليَّ
إني أبحثُ
في الخرائط عنِ اسبانيا
في الجسدَ عن منديلٍ أحمرَ
في الأيّام عن غضبٍ
يمتطي ظهرَك إلى بيت لحمٍ
يفضُّ العذارى من الكفن

أتحدّاك
أقطفُ منك اللّيلَ
الساقطَ
فيَ
طعناتٌ
تصبغُكَ خلاياي
أعقدكَ على الخاصرة
وأرقصُ حتى تهجرُني الشهوات

حائطُ البكاء يبكي
ظلَّهُ الساقطَ
في ساحة رقصي
أبحث فيه عن الخرائطِ
أنتهي مِبْخَرة.

البريّة

تنزُّ ليلاتُ هذا الجبلِ
غيماً سخيّاً
تنجلي البرّيةُ تلمعُ
في العيونِ
تستلقي الدّربُ
للحنين
حين يمتلئُ الحضنُ بالاتّساعِ
نسقطُ.

25.09.01

لا أدري

أخاطبُ السّماءَ مُنْذ وُلدْتُ
ولا أدْري كيفَ أشْتَعلُ
منْ شفاهٍ صُوماليّة
ولا أدري كيف يختنّقُ الزمَنُ
منْ جُرحٍ في رئتي
أخاطبُ الجنَّ مُنْذُ احْتَرَقتُ
ولا أدري كيفَ تولدُ فيّ الثّورة
لا أدري كيفَ يثورُ فيّ الموتُ
أخاطبُ الحبَ مُنْذُ وُلدتُ
ولا أدري كيفَ تفرُّ البَلادُ من أعناقنا
كما لا أدري كيفَ يلدُ
ميتمُ الحكّام بلاداً لنا
إني أخاطبُ أطرافَ الشّفاهِ
ولا أدري كيف تنَتهي
هناك حدودُ بلادي

خارطة اللهب

نهرُ الظل

مَللتُكَ يا نهرُ بهذا الصّمتِ
بهذا الصّبرِ
تُصغي لزغزغةِ الصّوتِ
كأنّك نائمٌ
مللتك اخرجْ منّي
لأسقطَ من مشنقةِ الظّلِ

هكذا

أُسْمِعُكَ صوتَ المساءِ
حينَ تنام
تُسْمِعُني نَهْنَهَةَ الغيومِ
نَخْطو في باخِرَةِ السُكْرِ
نَذوبُ معاً
تَسْحَلُ السَتائِرُ عَنْ صَدْري
وأسْقُطُ في زُجَاجِكَ
شُعاعاً مُنكسِراً
يَعْطشُ البَحْرُ
نَسْكُبُ لَهُ مَوْجاً
منَ العناق
يَسْكَرُ البَحْرُ
يَتعَرّى منَ الماءِ
هكذا
نُطْفِئُ لَيْلَتَيْن في البَرْق
وتولَدَ مِنْ أصَابِعِنَا البِحَارُ .

عبادُ الشمس

أيتّها القصائدُ الذابلةُ في عبادِ الشمس
انتحلي حنيني واسنديني
أيتّها المرئيّة في حقولِ الليل
أيتها النائحة
أرهقيني لأسقطَ من عنبي.

حنين

يقف ا اللّحنُ بابَ البيتِ العتيقِ
يعاندُ احتمالي
هذا الحنينُ يجرف كلّ الطّريق
يزرعني في أطفالي.

سـرّي

ابتعدْ عن دمعي
فتّشْ في الحلم
عن عمرٍ يهربَ
في حبرٍ سرّي

اِبتعدْ عنِ الطّوفان
أنزل صلاَتك
عليّ
تَهَدّمْ

أكتبْ سيرَتكَ
فوق معبدٍ
من بابين
أغلقْهُ
كالماء
اعبرْ منْ البابِ الخلفيِّ

شباكٌ شرقي

شباكٌ صغير مُطَعّمٌ بالوَشْوَشاتِ
يَشي بكَ للعتمةِ
مطلوبٌ أنتَ
مهدورٌ دمُك
هَيّئوا لكَ امرأةً مُحترقة
تَتَلّهى بوجع الريح
تَخْلعُ أبوابَهَا
ثم تَعُضُّ المدى

طقسُ اللّيل

يسرقُ من ليلي قطعةً يرميها في حضني
يمارِسُني ليلَ نهارَ

قبلَ صياحِ الدِّيك ترتفعُ المآذنُ
تُرضعُ قبّةَ السّماء
ويبكي بطرسُ ، ينكرُ دمعُهُ
ممارسةَ الخيانة
يبني في حضنِ الأرضِ كنيستهُ
ويحملُ مفتاحَ النِّهايةِ

وَهمٌ يُرضِعُني
يَصْرُخُ معنايْ

حضنك غربالٌ تسقُطُ
منهُ سُنبلتي بُرغُلاً
تنجرشُ سنابلُ الماء
ينكسرُ النّسيان
وحدُّ الشّفرة نَهْرٌ
أتعَلّمُهُ عَكْسَ التيّارْ.

مدخنةٌ تحكي للجيرانِ قصتَها
شتاؤهُم لفافاتُ دخانٍ
تحترقُ على شفاهِ الشّوارعِ .

يا امرأةَ البُرغلِ والدُّخانِ والحطبِ
في حضنك تجرشينَ، تحرقينَ
وعرزالُكَ بيتُ اللّهبِ
تُدمنين العتابَ
تتقنين كلَّ اللّغاتِ إلاّ لغةَ العنبِ.

طقوس

طقسُ المرأة

يمزَعُ الليلَ شبّاكي
يدخل إلى أعماقي
يشُدُّ شراييني
إلى سطح عار
يُدَغدِغُ الغَفَواتِ

تضرب عُرْيَ الجرنِ مدَقةٌ
تسحقُ جوعي
مرهماً
وتدهنُ وجهَ القمحِ

يعمّدني الشرقُ اُمرأةً
بالعتمة الحمراء تشتعلُ
أرغيلةٌ تتكئُ على فخذٍ
وحذوةٌ تثبّت الصدى
في أزقّة الأفقِ

بلا حرج تستدعي الشارعَ
تهيئُ صَّدرَها جمرتين
تكويه من بردِ الشيخوخة
تأتيه بكفِ نبيذٍ يكسرُ
صحوةُ الرّجولة.

تدفنهُ .. يختمرُ .. تُقطّع عجينَها
تنتشر رائحةُ الحطبِ الرّطبِ .

256

وَهَدأَ شارِعُها

كانَتْ حينَ تَمرُّ
يُصفِّقُ الشّارِعُ
بَيْنَ ساقَيْها
يَتَلاشى الغُبارُ في ظِلِها
وأرْقُصُ

كانَتْ حينَ تَمْضي
تُنيرُني وتُطْفِئُ ظِلّي
والتَهِبُ
هَدَأَ شارِعُها
امْتَلأ سَواداً
رَحَلَتْ
مَلأني غُبارُها
لَسَعاتٌ في جُفوني
ولَمْ تَزَلْ
مَطْبوعَةٌ قَدَمُها
في تُرابي رَغْمَ العاصِفَةِ
تَرُصُّ فيّ رَماداً
رَغْمَ أقْطاب الصَقيعِ
أحْتَرِقُ بَيْنَ أصابعها
أنْطَفِئُ بَيْنَ خُطاها.

المناولة

أفخاذُ الصّلاة
تصفّقُ لتناولَ القربانَ
قبل انتهاءِ القَدّاسِ
ينحني الكاهنُ
ويبقى
ارتخاءُ الشّمع
وترنّحُ المبخرةِ
لزوجةٌ
تعبقُ في المناولةِ .

11.06.05

أقدّم استرحاماً لعينيكَ
وعيناكَ بحرٌ
من البحرِ

xxxxx

لا تنحن أكثرَ يا شجرَ العتمةِ
لا تعجنً ناري بعَجيني
لا تسكبني من نهرك طرباً
لا تنكرْ قهري
لن تعرفَ أبداً معنى امرأةً
تغارُ من النهرِ

لا تنحن أكثرَ يا شجرَ العتمةِ
لن تعرَفَ أكثرَ معنايَ
لا تسرقْني
لا تُعرّيني
لا تبعثْ نارَكَ فيّ
لئلا تتركُ مجراكَ الريحُ

حكْتُ
بَخيوط دمي عناقاً واستَحالَ
دعوتُ آلهتي
قلتُ انتشليني من ذاتي
واستَهلّي
في سورة الشُّعراءِ
مهيّأً مذبَحَ الانعتاقِ

xxxx

شيطانُ عينيه يقترحُ عليَّ
اقتحامَ الجنَّةِ
بكفيّه
يغتالُ عنادي
ولُهاثُه ينتصرُ عليهِ

xxxx

كم هي كثيرةٌ دروبي إلى الجنَّةِ
تتشعبُ في كلٍّ حناياك
أتشردُ فيها
ويكونُ لي منفاك

xxxx

بكفيك صحراءٌ لها
عمرٌ من الصّبرِ
وفي معصميك قلاعٌ
تشتهي أسري

مذبح الحرية

تَعالي إلى ظلّي واغفري نورَكِ
الآتي منَ الظّلمات
يا رائدةَ الرّوح تعالَيْ عَنِ الحبرِ
ابدأي في صعودِ الصّفحاتِ

×××

عندما يهترءُ
صدرُك الموبوءُ بالمُلوحةِ الباردةِ
أيّتُها الحوريّةُ الّتي
منَ القلمِ تتناسلُ
ومنَ الحرفِ تلدُ
ومن الرّذاذِ تبني رغيفاً
تجوعُ فيه كلُّ اللّغات
أيّتها الشاعرةُ العاقَرُ
التي تكفّنُ طقوسَ ولادَتِها
في بياضِ الصّفَحاتِ
أنيرينا

×××

قبلةٌ محايدةٌ بينَ الرّوح والرّحَى
عناقٌ مغايرٌ بين الحُطامَ والزّحامِ
وذراعٌ تقاومُ الهاويةَ

×××

جمرات المـــــاء

عري الحطب

باسمِ الحُبِّ ... 219
الكرسي ... 218
الليل ... 217
القربانة ... 216
أتراءى ... 215
سلالة الحياة ... 214
معنى الانتهاءِ ... 213
أنثى ... 212
عروسُ الزعتر ... 211
قربان الهيكل ... 209
عري ... 208
ولا صوت ... 207
جرس الكنيسة ... 206
عقيدة النساء ... 205
تسرب ... 203

عراك الأبيض

الغرف المفكوكةُ الأزرار ... 199
تخت ... 198
سَبعُ سموات ... 197
أتعلمُ ما يعني ... 195
الأبيض ... 193
كأنما لم يَكن ... 192
معبدُ الوقت ... 191
عمر ... 190
نداء ... 189
مَوْجٌ ولا شيء ... 188
زغرودة السكر ... 186
ملهاةُ القبرِ ... 185
باب الشرق ... 184

فهرست

جمرات المـــاء

مذبح الحرية........ 261
المناولة........ 258
وهَدأ شارِعُها........ 257
طقوس........ 256
شباكٌ شرقي........ 253
سـرّي........ 252
حنين........ 251
عبّادُ الشمس........ 250
هكذا........ 249
نهرُ الظل........ 248

خارطة اللهب

لا أدري........ 245
البريّة........ 244
طعنات........ 243
أمطرتنا الأرضُ على البلاد........ 242
زحفُ النملِ........ 240
كالطّيرِ المَذْبوح........ 238
تمتمة........ 235
نبضُ النار........ 234
انتهى الوقت........ 233
تمــرّد........ 231
الجسد المشتعل........ 230
محطة........ 229
إنجيلُ الغَضَب........ 228
لولبة الانتهاء........ 225
غجرية هي الأرض........ 224
عِنَبُ التّيه........ 222

إهــداء:

إلى كل مَن يشعر غريباً في بيتهِ
ويحس وحيداً، حتى بين أهلهِ.

House of Nehesi Publishers
P.O. Box 460
Philipsburg, St. Martin
Caribbean

WWW.HOUSEOFNEHESIPUBLISH.COM

ISBN: 9780913441992
LC Control Number: 2008932763

كتاب الخطايا

❧

نــداء خوري